U0945556

绝对忠诚

锤炼过硬的政治品格

吴黎宏◎编著

中国出版集团
中国民主法制出版社
全国百佳图书出版单位

图书在版编目（CIP）数据

绝对忠诚：锤炼过硬的政治品格 / 吴黎宏编著. —
北京：中国民主法制出版社, 2022.2

ISBN 978-7-5162-2772-5

Ⅰ. ①绝… Ⅱ. ①吴… Ⅲ. ①中国共产党—干部教育—
学习参考资料 Ⅳ. ①D262.3

中国版本图书馆CIP数据核字(2022)第026886号

图书出品人：刘海涛
出 版 统 筹：石　松
责 任 编 辑：张佳彬　刘险涛

书　　名/绝对忠诚：锤炼过硬的政治品格
作　　者/吴黎宏　编著

出版 · 发行/中国民主法制出版社
地址/北京市丰台区右安门外玉林里7号（100069）
电话/（010）63055259（总编室）　63058068　63057714（营销中心）
传真/（010）63055259
http：// www.npcpub.com
E-mail：mzfz@npcpub.com
经销/新华书店
开本/16开　690mm × 980mm
印张/16.5　**字数**/190千字
版本/2022年3月第1版　2023年2月第3次印刷
印刷/北京文昌阁彩色印刷有限责任公司

书号/ISBN 978-7-5162-2772-5
定价/49.80元

前　言

忠，敬也；诚，信也。忠者，德之正也；诚者，天之道也；忠诚者，为人之正道也。今天所说的“忠诚”，主要指对党、对国家、对人民、对事业、对上级、对朋友、对配偶等真心诚意、尽心尽力，没有二心。

忠诚，大的方面我们要忠于我们的党、国家和民族，小的方面则是在日常生活与工作中忠于我们的团队，忠于我们的领导，忠于我们的职守，忠于我们的家人，忠于我们的朋友等。

忠诚是人们相互信任、尊重、宽容、理解的基础。只有忠诚的人，才能得到别人的忠诚；只有忠诚的人，周围的人才愿意接近、信任、承认、容纳他。家庭成员之间要讲忠诚，互敬互爱，才能和睦相处，否则就会家庭不和睦，甚至妻离子散；朋友之间要讲忠诚，才会亲如手足，生死与共，否则就会反目成仇，自相残杀；上下级之间要讲忠诚、重信任，否则就会离心离德，相互猜忌。

忠诚是人类高贵的美德之一，忠诚的核心是真，赤胆忠心，真诚实在，忠贞不渝，言行一致，是一种非凡的自信，是力量的象征，是把握了正义和真理的一种大度和坦诚。忠诚不谈条件，忠诚不讲回报，忠诚是一种情怀，忠诚是一种责任，忠诚是一种操守。

忠诚是中华传统道德最重要的规范。在几千年以“忠孝仁义礼智信”为核心的中华传统文化价值观中，“忠”成为历代仁人志士的修身之本、立身之本、为官之本，一直备受重视和推崇。“天下至德，莫大乎忠。”从传统文化的角度看，忠诚是家族亲和、社会管理、国家维系的基石和必要条件。可以说，忠诚是有史以来中华民族延续到今天的一种优秀文化和高尚追求，是中华民族精神的传承，是从草野到庙堂、从平民到官员都要谨守的道德价值观。

“忠诚敦厚，人之根基也。”一个人，只有具备忠诚的品质，才能修身齐家、立足社会；一个政党，只有构建忠诚的机制，才能同心同德、发展进步；一个民族，只有营造忠诚的文化，才能生生不息、繁荣昌盛。

忠诚是构成一个政党、一个团体、一个组织凝聚力、战斗力的前提和基础，是一个政党生存和发展的灵魂。忠诚之所以宝贵，在于它对于组织之成其为组织、政党之成其为政党，具有关系存亡的决定性意义。任何一个失去了忠诚的组织、政党，都将陷于崩溃。

任何一项事业要取得成功，除了它自身有生命力，符合社会发展规律，还必须有大批忠心耿耿的拥护者和实践者；我们党执政基础要巩固，要长治久安，也必须有千千万万忠贞不贰的共产党员才能办到。

忠诚之所以宝贵，是因为一旦千百万人的忠诚联合起来，就会创造出惊天地、泣鬼神的业绩。中国共产党这个当初只有几十人的弱小组织，能够创造彻底打破旧世界、建立中华人民共和国、成功开辟中国特色社会主义道路的人间奇迹，就是因为有千千万万忠诚的共产党员不怕牺牲、冲锋在前。

忠诚是所有政党、政权都极为珍视的政治品质。中国共产党从来都把忠于马克思主义、忠于党、忠于祖国、忠于人民等作为自己的神圣义务和永恒品质。“对党忠诚老实”，始终是党章中明确规定的党员义务，“对党忠诚”“永不叛党”是每一位共产党员入党誓词中的庄严承诺。[①]

对我们党来说，忠诚是党对党员的根本政治要求，是党员干部必须具备的政治品格，更是党的事业薪火相传的坚强保证。忠诚是党员干部的修身之本、为政之道、成事之要，更是新形势下党员干部心中有党、牢记宗旨、继续前行的精神动力。没有对党的忠诚，党员干部就会丢“魂”，队伍就会一盘散沙，在工作生活中就会栽跟头。

历史经验告诉我们，党员干部对党、对国家、对人民、对事业是否忠诚，直接关系到党的盛衰，直接关系到国家的兴亡，直接关系到党的各项事业的成败。因此，忠诚是党员干部必须具备的素质和修养。每位党员干部都应当修炼这种品格，尽好这种义务，提升这种能力，努力做忠诚的模范。党员干部的忠诚，主要包括以下四个方面的内容。

一是忠于党。就是要坚信党的最高理想和最终目标，任何时候任何情况下都确保理想信念不动摇，坚定不移地为实现党在社会主义初级阶段的基本路线、基本纲领而奋斗；就是要始终做到在党爱党、在党言党、在党忧党、在党为党；就是要增强“四个意识”，坚定“四个自信”，做到“两个维护”，在思想上政治上行动上自觉同党中央保持高度一致；就是要严格遵守党的章程，坚决贯彻执行党的路线、方

① 参见冯春梅：《新时期共产党员的修养系列谈》（3），《人民日报》2011年5月17日。

针和政策，不打折扣、不搞变通；就是要始终保持政治上的清醒和定力，坚决服从组织，严守政治规矩，维护党的形象，一辈子听党的话、跟党走。

二是忠于国家。就是要热爱祖国，从内心深处对祖国的历史成就和文化传统高度认同，始终怀有坚定的民族自尊心、自信心和自豪感；就是坚持爱国之情、强国之志和报国之行相统一，把个人的理想追求和国家的命运前途紧密结合，把个人的价值实现与国家的繁荣富强紧密结合，自觉服务于中华民族伟大复兴的宏伟大业；就是始终秉持对国家、民族的命运与前途的高度责任感和奉献精神，坚决维护国家的核心利益，维护国家统一和民族团结，同一切危害国家利益的言行作斗争。

三是忠于人民。就是要始终牢记全心全意为人民服务的根本宗旨，牢固树立权力属于人民、权力来自人民的理念，坚持以人民为中心，把实现好、维护好、发展好最广大人民根本利益作为一切工作的出发点和落脚点；就是坚持从群众中来、到群众中去，尊重人民群众在认识世界和改造世界中的主体地位，坚持发展为了人民、发展依靠人民、发展成果由人民共享，为实现人民群众对美好生活的向往而不懈奋斗，始终做到勤政廉政，真正做到心系人民、服务人民、忠于人民。

四是忠于事业。就是要始终保持勤政务实、为民服务、爱岗敬业、实干争先的热情和动力，忠诚于党和国家发展大局，忠诚于自己的职守，忠诚于服务对象，热爱本职工作，以求真务实的态度、敢于担当的魄力、创先争优的精神，努力改进工作作风，讲求工作方法，注重工作效率，提高工作质量，做到在其位、谋其政、尽其力，真正把心思放在谋发展上，把精力花在干事业上，努力创造经得起实践、人民、历史检验的实绩。

政治品格是共产党人党性和人格的集中体现。忠诚是最重要的政治品德，党员干部只有具备了忠诚这一品德，政治品格才有基础和保证。新时代对党员干部锤炼过硬的政治品格提出了更高要求。新时代，我们所面临的国际和国内环境诡谲多变，我们所肩负的新任务、新责任繁重复杂，没有对党忠诚、对人民忠诚的政治品格，就会丧失砥砺前行的力量源泉，开创事业发展的新局面、推动事业迈向新台阶就无异于一句空话。“疾风知劲草，板荡识诚臣。”党员干部过硬的政治品格不是天生的，不会在天下承平之际得到自然提升，也不是短期内就可以一蹴而就的，必须在艰难困苦、风险挑战之中淬炼，必须在终身实践磨炼中不断砥砺提升。

以坚定信仰厚植忠诚。忠诚源于信仰。忠诚说到底是一种价值选择，是世界观、人生观、价值观的体现。对党忠诚，关键是要有坚定的理想信念。没有对马克思主义和共产主义的坚定信仰，没有对中国特色社会主义的坚定信念，要做到对党忠诚是不可能的。锤炼忠诚的政治品格，就要把坚定理想信念作为终身必修课，用习近平新时代中国特色社会主义思想武装头脑，不断增强“四个意识”、坚定“四个自信”，做共产主义远大理想和中国特色社会主义共同理想的坚定信仰者、忠实实践者，在任何情况下都要做到政治信仰不变、政治立场不移、政治方向不偏，用坚定信仰谱写对党忠诚的品格。

以敢于担当诠释忠诚。担当是检验党员干部忠诚度的试金石。衡量一名党员对党是否忠诚，不仅要看他说得怎样，更要看他做得如何，是否担当起时代赋予的使命。新时代是奋斗者的时代，面对新考验，更需要有舍我其谁、愈难愈奋的担当精神。党员干部应当养成担当的习惯，锤炼担当的意志，树立担当的作风，提高担当的能力，以对党、对人民的事业、对历史高度负责的精神，面对大是大非敢于亮剑，在难题面前勇于开拓，在矛盾面前敢抓敢管，在风险面前敢担责任，面对歪风邪气敢于斗争，以永不懈怠的精神状态和一往无前的奋斗姿态，撸起袖子加油干，真正肩负起时代赋予的伟大使命。

以严明纪律护佑忠诚。纪律严明是党的光荣传统和独特优势，守纪律、讲规矩是对党忠诚的重要检验。对党忠诚，就要时刻严守党的纪律，用党纪护佑对党的忠诚。尤其要把遵守党的政治纪律和政治规矩摆在更加突出的位置，始终站稳政治立场，坚定正确政治方向，在思想上政治上行动上同以习近平同志为核心的党中央保持高度一致，坚决维护党的集中统一，确保中央政令畅通；要牢固树立纪律意识、规矩意识，将敬畏党纪，遵守纪律和规矩作为从政之绳、工作之纲、人生之镜，始终做到心有所畏、言有所戒、行有所止，争当守纪律、讲规矩的表率。

以清廉本色彰显忠诚。清正廉洁是从政之本，是共产党人最鲜明的政治本色，是衡量党员干部是否对党忠诚的重要标准。党员干部要时刻保持清醒头脑，坚决克服特权思想，常修为政之德，常思贪欲之害，常怀律己之心，常除非分之想，培养健康向上的生活情趣，远离低级趣味，抵制歪风邪气，不断筑牢拒腐防变的思想防线，时刻注意自重、自省、自警、自励，始终做到慎独、慎初、慎微、慎欲，抵得住诱惑，耐得住寂寞，忍得住清苦，清清白白做人、干干净净做事、坦坦荡荡为官，始终保持共产党人清正廉洁的政治本色。

本书叙议结合，条理清晰，说理透彻，行文流畅，语言清新，对于党员干部理解掌握忠诚的丰富内涵、深入认识坚守忠诚的重大意义、明确锤炼忠诚品格的主要路径，对于党员干部恪守理想信念，认真践行“两个维护”，坚定不移地贯彻落实新时代党的理论路线方针政策，一心一意跟党走，任何时候都与党同心同德，做党和人民的忠诚卫士，始终忠于党、忠于国家、忠于人民、忠于事业，具有较高的启迪意义和参考价值，是党政机关、企事业单位开展忠诚教育的好读本，也是广大党员干部品格修炼的案头书。

目　录

第一章　忠诚是最重要的政治品格

第二章　忠于党

第三章　忠于国家

第四章　忠于人民

第五章　忠于事业

第六章 以坚定信仰厚植忠诚

第七章 以敢于担当诠释忠诚

第八章 以严明纪律护佑忠诚

第九章　以清廉本色彰显忠诚

第一章

忠诚是最重要的政治品格

“天下至德，莫大乎忠。”忠诚是中华传统道德最重要的规范，也是今天为官从政的基本政治要求。对我们党的干部而言，忠诚是第一位的政治品格。它不仅是党章明确规定的党员义务，是入党宣誓时的庄严承诺，更是党的事业薪火相传的坚强保证。作为党的干部，就要坚守对党忠诚这条“生命线”，不忘自己的入党誓言，牢记自己的党员身份，时刻把党、国家和人民放在心中最高位置，对党绝对忠诚不渝，始终恪守过硬的政治品格。

一、忠诚是中华民族传统文化中推崇的大德

我们先来弄清“忠诚”的含义。忠者，德之正也。从造字上可以看到,“忠”，存心居中，正直不偏，古人以不懈于心为敬，故忠从心；又以中有不偏不倚之意，忠为正直之德，故从中声。

《说文解字》对“忠”的解释是：“敬也。从心中声。”清人段玉裁注：“敬者，肃也，未有尽心而不敬者也。”《忠经》中说：“忠也者，一其心之谓一矣。”“诚”,《说文解字》的解释是：“信也，从言成声。”就是真心实意，说话算数，言行一致。“言而有信”，“人而无信，不知其可也”。管子说：“非诚贾不得食于贾，非诚工不得食于工，非诚农不得食于农，非信士不得立于朝。”就是做人要以诚为本，一

事当前，不改做人之本、不忘责任之重、不移诚实之心，做到表里一致、言行一致。在现实生活里，“忠”表现一个人的立场，“诚”体现一个人的态度。忠诚，即尽心尽力，没有二心。

“忠诚”，是人对天地、真理、信仰、职守、国家及他人等都至公无私，始终如一，尽心竭力地负责完成分内义务的美德。

人要做到竭诚尽责就是“忠诚”的表现。曾子说：“为人谋而不忠乎？与朋友交而不信乎？”（《论语·学而》）“夫子之道，忠恕而已矣！”（《论语·里仁》）其本意就是尽心尽意。即对别人，尤其是对上级要竭心尽力，忠诚无私。《大学》讲：“君子有大道，必忠信以得之，骄泰以失之。”在中国传统社会的伦理纲常中，“忠诚”不仅被看作个人“修身之要”，而且被定位为“天下之纪纲”“义理之所归”。

在古代封建社会，“忠诚”作为一种道德品质，随着君主专制制度的发展，其忠君的含义被强化，就是臣属要忠于君主、社稷、天下，其实质是忠于君主。如孔子说：“君使臣以礼，臣事君以忠。”（《论语·八佾》）郑玄说：“死君之难为尽忠。”（《孝经注》）“忠诚”在一定意义上就是忠于国家、忠于职守、忠于信念，“将死不忘卫社稷，可不谓忠乎”。

今天，理解“忠诚”这个概念，应该包含三个方面的含义：

第一，对个人来说，忠诚是一种责任、义务、操守、品格，核心是坚守。孔子讲：“居处恭，执事敬，与人忠。虽之夷狄，不可弃也。”就是要用高尚的道德约束自己的行为，对人忠诚，在任何地方、任何岗位都保持做人的本色。

第二，对他人来说，忠诚是一种信任、承诺，并要为之付出努力和代价。处理传统文化中的父子、夫妻、兄弟、君臣和朋友之间的关系，忠诚是一个基本规范。“忠诚”还体现在忠于他人之事，如“忠告而善道之”“忠焉，能勿诲乎？”“不精不诚，不能动人”。在生活中，我们为人父母，为人子女，为人朋友，需要忠诚；在工作中，我们为人下属，为人上司，为人同事，也需要忠诚。夫妻讲忠诚，才能和睦相处，白头偕老；朋友之间讲忠诚，才会亲如手足、生死与共。英国诗人弥尔顿有句名言：“你若想证实你的坚贞，首先证实你的忠诚。”人和人之间的信任是相互的，如果希望别人对你忠诚，首先必须忠诚于他们。

第三，对社会来说，忠诚是一种广义的文化规范和社会关系的互动。孔子说：“上好信，则民莫敢不用情。”孟子说：“诚者，天之道也；思诚者，人之道也。”《吕氏春秋》从反面强调了忠诚的重要价值：“君臣不信，则百姓诽谤，社稷不宁。处官不信，则少不畏长，贵贱相轻。赏罚不信，则民易犯法，不可使令。交友不信，则离散郁怨，不能相亲。百工不信，则器械苦伪，丹漆染色不贞。”司马光在总结历代兴衰存亡的经验教训时说：“上不信下，下不信上，上下离心，以至于败。”全社会通过对忠诚的追求，形成一个有序的、和谐的、有创造力的构架和环境，才能让每个人都忠诚于家庭、忠诚于组织、忠诚于国家和民族。

几千年以来，以“忠孝仁义礼智信”为核心的中国传统文化价值观中，“忠”是历代仁人志士的修身之本、立身之本、为官之本，一直备受重视和推崇。可以说，讲忠诚，是中华民族延续到今天的一种优秀文化和高尚追求，是中华民族精神的传承。从传统文化的角度看，忠诚是家族亲和、社会管理、国家维系的基石和必要条件。国人一直以来最看重的品德就是忠诚。《史记》中说："忠臣不事二君。"对一个民族而言，"忠之为道也，施之于迩，则可以保家邦，施之于远，则可以极天地"。千百年来，关于忠诚的话题从未停止过。忠诚与否隐于心，不察则"养痈长疽，自生祸殃"；忠诚与否显于行，不忠则"立身一败，万事瓦裂"。

忠诚是中华传统文化的精华。中国文化整体上的道德，忠诚是必备的内涵，有厚重的积淀，可以说是代代相传、生生不息。追溯中华民族悠久灿烂的古代文明，为后世的我们留下了取之不尽的精神财富。先贤的人格魅力和品格素养经过千年的积淀，形成了今天中华民族伟大的民族精神。千百年来，关羽之所以一直为人们所供奉，就是因为他忠诚信义，纵使曹操许以高官、给予厚待，仍身在曹营心在汉，一得知刘备的消息，就立即启程，绝不停留。

对忠诚这一品德的赞颂与追求，是中华民族5000多年文明史的主音符，也是中华民族历经劫难而生生不息、发展壮大的重要原因，忠诚早已成为中国人血脉里的文化基因。《礼记》中有"苟利国家，不求富贵"，曹植"捐躯赴国难，视死忽如归"，诸葛亮"鞠躬尽力，死而后已"，陆游"位卑未敢忘忧国"，文天祥"人生自古谁无死，留取丹心照汗青"，林则徐"苟利国家生死以，岂因祸福避趋之"……都是对忠诚文化的最好诠释。古人云："人之忠也，犹鱼之有渊。鱼失水则死，人失忠则凶。"秦桧、吴三桂等人背叛民族、背叛国家，被历史永远钉在耻辱柱上，遗臭万年。历史从正反两个方面说明，忠诚是中国人精神家园中永远燃烧的熊熊火炬，照亮和温暖着无数中华儿女的心灵，给予人们勇敢前行的巨大信心，鼓舞人们不断迈向美好未来。

孙中山把中华民族的传统道德概括为："讲到中国固有的道德，中国人至今不能忘记的，首是忠孝，次是仁爱，其次是信义，其次是和平。"[①]他在一次演讲中专门谈到忠诚问题："现在一般人民的思想，以为到了民国，便可以不讲忠字；以为从前讲忠字是对于君的，所谓忠君；现在民国没有君主，忠字便可以不用，所以便把他拆去。这种理论，实在是误解。因为在国家之内，君主可以不要，忠字是不能不要的，如果说忠字可以不要，试问我们有没有国呢？我们的忠字可不可以用之于国呢？我们到现在说忠于君固然是不可以，说忠于民是可不可呢？忠于事又是可不可呢？我们做一件事，总要始终不渝，做到成功，如果做不成功，就是把性命去牺牲亦所不惜，这便是忠。……我们在民国之内，照道理上说，还是要尽忠，不忠于君，要忠于国，要忠于民，要为四万万人去效忠。为四万万人效忠，比较为一人效忠，自然是高尚得多。故忠字的好道德还是要保存。"[②]

忠诚是中华传统道德最重要的规范，是人类最高贵的美德之一。忠诚的核心是真，赤胆忠心，真诚实在，忠贞不渝，言行一致，是一种非凡的自信，是力量的象征，是把握了正义和真理的一种大度和坦诚，是对信仰、承诺和责任的坚守，是对组织、他人和事业的尽心尽力。古往今来，忠诚从来都是立身之本和为政之要，是从草野到庙堂、从平民到官员都应该谨守的道德价值观。

---

① 《孙中山选集》下卷，人民出版社2011年版，第706页。
② 《孙中山选集》下卷，人民出版社2011年版，第707页。

二、忠诚是古今为官从政者必须具备的政治品质

“忠”是中国传统道德最重要的规范，是古代为官的基本政治要求。“忠诚”，早在中国古代就是官德的重要内容，也是其核心构成，在中华传统政治文化中占有相当重的分量。古人视“忠”为官之常德，有“忠臣”之美誉，意即忠于君主的官吏。在官德的诸多规范中，忠诚是最基本的德行，“诚，五常之本，百行之源也”。忠于祖国、忠于人民、忠于职守，这些检验现代官员道德品质的伦理价值早在古代就已是官德的核心内容，合理吸收借鉴古代“忠”的含义，对今天的党员干部提高官德修养具有一定现实意义。

忠于君主。即尽心为君服务。比如，“失忠与敬，何以事君”(《左传·僖公五年》),“忠信而不谀，谏争而不谄，挢然刚折，端志而无倾侧之心，是案曰是，非案曰非，是事中君之义也”(《荀子·臣道》)。儒家主流派讲忠节是有原则的：事君有正道。贤臣事君“可以安国家，利人民者不避其难，不择其劳，以成其义”(《说苑·建本》)。意思是忠良之臣在服务于君主时，只要有利于国家和人民的事，就不回避艰难、不害怕劳苦地去做。君仁而臣忠。“忠”不是君上对臣下单方面的要求，而是双方的责任和义务，是有条件的。孟子说：“君之视臣如手足，则臣视君如腹心；君之视臣如犬马，则臣视君如国人；君之视臣如土芥，则臣视君如寇雠。”(《孟子·离娄下》)君有过要谏诤，敢进直言，不能一味服从。大臣对待君主应以“忠正”为根本，做到“外扬君之美，内匡君之过”。“故忠臣廉士，内之则谏其君之过也，外之则死人臣之

义也。”（《吕氏春秋 · 恃君》）也就是说，下级对上级要忠心耿耿，但不能愚忠、一味顺从，而更要敢于直谏、敢于监督；如果迎合苟且，不但不是忠臣，而且是奸臣国贼。

忠于国家。儒家所言之“忠”，往往与国家社稷相联系，“忠君”常常是忠于国家、忠于民族、忠于人民的代名词。无论是起初的家国一体，还是后来的家国同构，君主都是国家的代表和象征。家与国、君与国、忠君与爱国是很难分开的，正如“公家之利，知无不为，忠也”（《左传·僖公九年》），“以私害公，非忠也”（《左传·文公六年》）。这里的“忠”，就是要求卿大夫对公家或国家能够竭诚尽力，以维护其利益。正所谓“昔先圣王之治天下也，必先公也，公则天下平矣”（《吕氏春秋 · 贵公》）。“忠”还表现在国家民族出现严重危机和重大灾难时，临危不惧，以身许国。“临患不忘国，忠也”，“思难不越官，信也”，“图国忘死，贞也”（《左传 · 昭公元年》）。司马迁说：“常思奋不顾身以殉国家之急。”“忠”作为官德，强调的是以身报国，忠于朝廷、忠于职守的精神。

忠于民。作为官德的“忠”，在古代是指尽心竭力、勤奋忘我地去为民众谋利益。大禹治水，亲自劳作，辛苦得大腿上没有赘肉，小腿上的汗毛都被侵蚀掉了，最后终于治好了水患，安定了天下。禹以民为本，舍弃个人利益，“三过家门而不入”，这种尽职的官德就被称为“忠”。春秋战国时期的“忠”不只是对臣民的道德要求，也是对君主行为的道德要求。“所谓道，忠于民而信于神也。上思利民，忠也。”这是以统治者为民谋利为“忠”。正如《墨子》所说：“古者明王圣人所以王天下、正诸侯者，彼其爱民谨忠，利民谨厚。”古代的明王圣人所以能称王天下，匡正诸侯，是因为他们爱民极忠，利民极厚。

忠于职守。官吏必须忠于职守，勤于职事，为国效忠，如《诗经·召南·采蘩》之“夙夜在公”，《诗经·大雅·烝民》之“夙夜匪懈”，《论语·颜渊》之“居之无倦，行之以忠”。王充在《论衡·量知》中说道：“文吏空胸，无仁义之学，居位食禄，终无以效，所谓尸位素餐者也。素者，空也；空虚无德，餐人之禄，故曰素餐。无道艺之业，不晓政治，默坐朝廷，不能言事，与尸无异，故曰尸位。然则文吏所谓尸位素餐者也。”王充对在其位不谋其政的人进行了严厉的批判。恪尽职守是“忠”的必然要求。[①]

古人视“忠”为官之常德。在古代，“忠”与“奸”成为从政官员泾渭分明的两种代表形象。古有“忠臣”之美誉，意即忠于君主的官吏。这种忠君爱国的教育使为官者不忘，忠于朝廷、忠于职守成为合格官吏的思想道德基础。

忠诚为百德之基，如果没了忠诚，人的能力就可能会用到歪处去，以才害德。机智而不忠则易奸诈。齐桓公是春秋五霸之首。他的手下，易牙杀子以适君，开方背亲以适君，竖刁自宫以适君。此三人为表“忠心”，花的心思极深、下的功夫极大。然而，藏在他们内心深处的却是假忠，齐桓公被彻底蒙蔽了。后来，饿死齐桓公、拥立他人，导致齐国内乱、霸业衰退的，正是这三个人。勇猛而不忠则易反叛。东汉末年，吕布善于骑射、膂力过人，有万夫不当之勇。然而，他先后投靠丁原、董卓、王允，虽曾拜丁原、董卓为义父，却反目而杀之，屡生祸端。正因为他反复无常、不忠不义，张

---

① 参见王丽平：《古代官德“忠”的含义及其现代价值》，《决策探索》2014年第4期。

飞斥之为“三姓家奴”。

古人说，“人无忠信，不可立于世”，“不信不立，不诚难行”。忠诚的人，更容易得到别人的信任，受到别人的赞美；具备忠诚之德的人，其人格会得到升华。一个人如果丧失了忠诚，就可能会变得品格低下。忠诚不仅是立身之本，事实上也是任何一个团队组织战斗力的保证。

忠诚，是每一个人应遵循的一种基本道德，是指对组织、对自己或对他人真实无欺、遵守承诺的品德与素养。这种内在品德及其外在践行，是各种经营活动与社会运转得以正常进行的重要保证。一个人任何时候都应该坚守忠诚，坚持自己的原则，且不为利益所动。大的方面我们要忠于自己的国家和民族，小的方面则是在工作与日常生活中忠于我们的领导，忠于我们的组织，忠于我们的工作，忠于我们的家庭，忠于我们的朋友等。

对一个组织来说，“忠诚”指的是个人归属于组织的义务和职业道德。人的社会角色常常归属于党政机关、企事业、家庭等组织。一个人只有自觉归属于组织、忠诚于组织，始终把自己当作组织的一分子，坚决维护组织的利益，才可能得到组织的认可与爱护，才能更好地发挥自己的才干。因此，一个人归属于团体是个人赖以生存的基本条件，而维护这种归属关系就是每个人的基本义务。忠诚则是维护此种归属关系的最佳与必备的素质。

忠诚应作为一个人的行为准则。忠诚无价。一个人无论什么原因，只要失去了忠诚，就失去了别人对他最根本的信任。所以，美国的阿尔伯特·哈伯德说：“如果能捏得起来，一盎司忠诚等于一磅智慧。”忠诚是每个人的立身之本，是构成团队组织良性发展的重要因素。在当今世界，并不缺少有能力的人才，唯有那种既有能力又有忠诚度的人才，方是每一个党政机关、企事业单位苦心寻找的最理想的人才。

一个不忠诚的人，即使才华横溢也不会成功，因为他无法得到别人的信任，不管是上级还是下级，都不会认可这样的人。这同时也表明：忠于别人，也就是忠于自己；背叛别人，也就是背叛自己，就是自取其辱。所以说，一个忠诚的人才是可靠的人，值得人们信赖的人，在人生道路上才可能一路平稳，走向成功。

人活着，就离不了忠诚。忠诚，乃做人之本，立事之根。忠诚不但是重要的社会伦理，更是重要的从政伦理。忠诚自古以来就是政治或行政组织对其成员的根本道德要求。现代行政伦理虽然不像古代那样把“忠”绝对化，忠诚的对象也已经不同，但仍然把忠诚作为行政伦理的基本规范和行政主体重要的品德之一。现在不少国家的政府官员在任职时，都必须进行忠诚宣誓，就是明证。

任何一项事业要取得成功，除了它自身有生命力、符合社会发展规律，还必须有大批忠心耿耿的拥护者和实践者；我们党的执政基础要巩固，国家要长治久安，也必须有千千万万忠贞不贰的共产党员才能办到。“疾风知劲草，板荡识诚臣。”倘若没有千千万万忠诚的共产党员的流血牺牲，就不会有新中国的诞生；倘若没有千千万万忠诚的共产党员的无私奉献，中国的建设很难取得今天这样的成就。忠诚实际上就是爱国主义、民族精神的延伸。一个官员只有深深地爱国，忠于党、忠于社会主义、忠于人民，他才会时时高标准要求自己，心存高远，也才会在心灵的深处把自己的命运跟民族、国家和人民的命运联系在一起。

古往今来，多少仁人志士用行动书写了忠诚的千古佳话。屈子投江，以死尽忠；苏武牧羊，守节为忠；岳飞杀敌，大义精忠。尤其是我们党建立以来，多少共产党员用生命诠释了一辈子忠诚的信念。夏明瀚把忠诚写在“砍头不要紧，只要主义真”的无畏上，杨靖宇把忠诚写在腹中满是草根、宁愿饿死也不投降的气节里，江姐把忠诚写在竹签钉入十指、痛彻心扉也不叛党的坚贞中。县委书记的好榜样焦裕禄、谷文昌和王伯祥，把忠诚写在带头造林、治理风沙、发展特色产业之中，为了解决群众生存发展最急迫的需求，为了当地百姓过上好日子，他们用生命书写忠诚。

忠诚是所有政党、政权都极为珍视的政治品质。我们党从来都把忠于马克思主义、忠于人民、忠于祖国等作为自己的神圣义务和永恒品格。“对党忠诚老实”是《中国共产党章程》中明确规定的党员义务，“对党忠诚”也是每一名共产党员的庄严承诺。党员干部要把“忠诚作为第一政治品质”。党员干部是国家、民族中的先进和骨干分子，应当成为塑造和引领全社会先进文化的表率，决不能败坏党风、带坏民风。因此，必须把讲忠诚作为一项重要的政治义务。每一个党员干部都应当修炼这种品格，尽好这种义务，提升这种能力，树立自己的形象。

三、党员的忠诚是我们党不断取得胜利的力量源泉

忠诚是一种巨大的力量，更是我们人生的守护神。当一个人忠诚于自己的信念、忠诚于自己的事业、忠诚于自己的价值观的时候，就

会产生一种一往无前的勇气、一种百折不挠的信心、一种神圣无比的力量。

一个人，只有具备忠诚的品质，才能修身齐家、立足社会；一个政党，只有构建忠诚的机制，才能同心同德、发展进步；一个民族，只有营造忠诚的文化，才能生生不息、繁荣昌盛。

说忠诚是力量源泉，是因为一旦千百万人的忠诚联合起来，就会创造出惊天地、泣鬼神的业绩。忠诚能激发出共产党人的强大精神力量，使之握指成拳、众志成城，形成无坚不摧的强大合力。我们党这个当初只有几十个人的弱小组织，能够创造彻底打破旧世界、建立新中国、成功开辟中国特色社会主义道路的人间奇迹，就是因为有千千万万忠诚的共产党员不怕牺牲、冲锋在前。我们党始终保持蓬勃朝气、不断从胜利走向胜利的秘诀之一，就是广大党员始终对党忠诚，从而保证我们党思想上高度统一，进而上下一心、左右一体，团结一致、共同奋斗。

我们党已经走过百年的光辉历程。自成立以来，党始终高扬革命理想旗帜，以国家民族利益为重、以人民幸福安康为念，肩负起救国救亡的重任，为民族独立和人民解放事业筚路蓝缕、艰苦奋斗，为社会主义建设和中国特色社会主义事业殚精竭虑、披荆斩棘，谱写了一篇篇感天动地的忠诚华章。可以说，正是由于一批批共产党人对党无限忠诚和热爱，为了国家、民族和人民，不怕任何艰难困苦，前赴后继、不怕流血牺牲，才推动中国革命事业取得了胜利。我们党的奋斗发展史，从一定意义上讲就是一部广大党员及领导干部对党无比忠诚的历史，就是一部党依靠这种政治优势从胜利走向胜利的历史。

对党忠诚是我们党最鲜明的政治优势。党成立时，忠诚就镌刻在党的旗帜上，成为共产党人的强大精神支柱。这既是我们党区别于其他政党的特有政治优势，也是我们党永远立于不败之地的重要法宝。从接受、宣传马克思主义到党的建立，从秋收起义、井冈山斗争到五次反“围剿”、二万五千里长征，从抗日战争、解放战争到建立社会主义制度、改革开放，我们党由小到大，披荆斩棘，历经挫折与胜利、苦难与辉煌，成为任何敌人和困难都压不倒、摧不垮的时代先锋。

在井冈山革命根据地，许多忠诚的共产党员和红军战士为了革命事业献出了自己的全部，包括宝贵的生命，涌现出许多可歌可泣的英雄壮举。1928年边界“三月失败”后，年仅32岁的宁冈县茅坪乡党支部书记谢甲开为掩护村民转移，不幸落入敌手，面对敌人的利诱和威胁，他大义凛然，高呼“共产党万岁”“红军万岁”等口号，坚贞不屈，最后被敌人剖腹开膛，碎尸五段，抛入河中。1928年6月，在新七溪岭的战斗中，三十一团红军班长马奕夫怒视着敌人机枪喷出的火舌，毅然用自己的胸膛堵住敌人的机枪口。1929年5月，由于叛徒告密，莲花县委书记刘仁堪在井冈山南村凹被捕。5月19日，被敌人押至县城南门处斩。临刑前痛斥敌人，被敌人割去舌头，血流满地，遂用脚蘸鲜血书写了“革命成功万岁”六字，英勇就义。正是这些无限忠于党和党的事业的共产党员们前赴后继，才使井冈山革命根据地得以发展壮大。

长征犹如气吞山河的英雄交响曲，广大红军官兵忠诚前行、奋力高歌，奏出了惊天地、泣鬼神的壮丽乐章。广大红军官兵用绝对服从命令、坚决完成任务的坚定誓言，用不怕流血牺牲、勇于夺取胜利的英勇担当，生动诠释了忠诚的丰富内涵。1935年10月15日，中央红军即将到达陕北吴起镇而胜利结束长征，此时陈云同志正在向共产国际执行委员会书记处报告长征情况，他在谈到长征胜利的原因时说，在红军部队中，党员占了40%，连长以上的指挥员一律都是共产党员。每次战斗前，连队的党员都召开会议，选出后备指挥员，有四五个人。如果连长在前线受伤或者牺牲了，队伍不会跑散，因为第一后备连长会立即挺身而出；如遇不幸，第二后备连长又会代替他，一个接着一个。红军将士以巨大牺牲和辉煌战绩书写了对党、对红军的无限忠诚。

忠诚于党也是推动社会主义现代化建设的政治保障。可以说，在革命、建设和改革各个时期，正是由于一批批共产党人对党无限忠诚和热爱，为了国家、民族和人民，不怕任何艰难困苦，前赴后继、不怕流血牺牲，夙夜在公、无私奉献，才推动中国革命和建设事业取得了伟大胜利，为夺取新民主主义革命胜利、建立新中国，为巩固党的执政地位、捍卫社会主义国家政权、维护国家安全和社会政治稳定发挥了中流砥柱作用。特别是改革开放以来，我们党团结带领广大人民群众战胜各种艰难险阻，不断推进社会主义现代化建设。正是因为一代代共产党人始终坚持对党绝对忠诚，兢兢业业、无私奉献，我们党才能领导全国各族人民走出一条实现国家富强、民族振兴、人民幸福的正确道路——中国特色社会主义道路。

大革命时期，面对敌人的“白色恐怖”和血腥镇压，李大钊、萧楚女、陈延年等共产党人“断头流血以从之”，誓死忠于革命事业。新中国成立后，从抗美援朝战场上的黄继光、邱少云，到新时期的好干部孔繁森、牛玉儒，成千上万的英雄模范，哪一个不是赤胆忠心？哪一个不是无限忠诚？

忠诚不仅是一种大德行，更体现了一种发展的大智慧。忠诚是保证组织强大的重要精神基础。“兄弟同心，其利断金。”没有忠诚的组织，必然是一盘散沙，没有任何战斗力。一个政党要带领国家和人民走向辉煌，要开展波澜壮阔的伟大斗争，必须要加强党员的忠诚品格建设。《吕氏春秋》有言：“君臣不信，则百姓诽谤，社稷不宁。”忠诚是团结一致的“黏合剂”。对于我们这样一个有着9500多万名党员的大党而言，唯有忠诚才能真正统一思想，产生强大凝聚力、向心力，使全体党员心往一处想、劲往一处使、精诚团结如一人。

一支强大的队伍离不开忠诚的战士，一个伟大的政党离不开忠诚的党员。忠诚是一个党、一个国家和一个民族发展的强大精神根基。忠诚于党，是巩固党的执政地位的根本要求。实践证明，正是广大党员对党绝对忠诚，我们党才具有无往而不胜的强大力量，党的事业才能不断发展壮大。在新的历史条件下，共产党员只有坚定一生跟党走的信念，不断增强自我净化、自我完善、自我革新、自我提高的能力，才能切实经受住“四大考验”、化解“四种危险”，才能得到人民群众的衷心拥护，才能确保党始终成为中国特色社会主义事业的坚强领导核心，才能从一个胜利走向另一个胜利。

四、对党忠诚是加强党员干部队伍建设的迫切需要

实现党确定的各项目标任务，建设富强民主文明和谐美丽的社会主义现代化强国，实现中华民族伟大复兴，首先必须培育和造就一支忠诚干净担当的高素质党员干部队伍。

治国之要，首在用人。我们党历来高度重视选贤任能，始终把选人用人作为关系党和人民事业的关键性、根本性问题来抓。党历来重视干部队伍建设，在不同历史时期，培养和造就了一批又一批、一代又一代适应革命、建设和改革需要的领导骨干和宏大的干部队伍。正因为有了一支在经受各种考验中不断得到锻炼提高的干部队伍，带领广大人民群众，坚决贯彻执行党在各个历史时期的正确路线，我们党才战胜了各种艰难险阻，始终保持着强大的凝聚力和战斗力，不断从胜利走向胜利。

特别是改革开放以来，党高度重视干部教育、培养、选拔工作，尤其注意培养选拔优秀年轻干部，根据“革命化、年轻化、知识化、专业化”的要求，按照“德才兼备，以德为先”的原则，采取多种措施和手段，初步建立起了一支素质优良、数量充足、结构合理、能够担当改革开放和现代化建设重任的干部队伍。广大党员干部为我国改革开放、经济发展、建设中国特色社会主义，为国家的富强和人民的幸福，作出了自己应有的历史贡献。

党的十八大以来，习近平总书记高度重视干部队伍建设，就培养党和人民需要的好干部作出一系列重要论述。2013年6月，在全国组织工作会议上，习近平总书记提出了“信念坚定、为民服务、勤政务实、敢于担当、清正廉洁”[①]的二十字好干部标准。2014年10月，习近平总书记在对云南工作的重要指示中强调，党员干部要“对党忠诚、个人干净、敢于担当”，这是更为高度凝练的表达。2018年

① 中共中央文献研究室编：《十八大以来重要文献选编》（上），中央文献出版社2014年版，第337页。

7月，习近平总书记在全国组织工作会议上指出："贯彻新时代党的组织路线，建设忠诚干净担当的高素质干部队伍是关键，重点是要做好干部培育、选拔、管理、使用工作。"[①]

"忠诚干净担当"，是习近平总书记对新时代好干部标准的精准概括和朴素表达，与我们党历来所坚持的好干部标准是一脉相承的，为提升党员干部党性修养、加强干部队伍建设提供了重要遵循。

"忠诚干净担当"，是好干部的核心品质，也是对党员干部的普遍要求。忠诚是为政之魂，干净是立身之本，担当是成事之要，体现了共产党人的政治立场、价值追求和道德风范，体现了党员干部做人做事的行为准则，体现了党对新时代好干部基本素养的深刻把握，三者之间的关系是有机统一、相辅相成的，共同铸就了共产党人的精神风范，共同诠释了党员干部的政治本色，共同支撑着党的事业健康发展。

但在现实社会中，确实存在极少数党员干部对党不忠诚、不老实的问题。有的党员干部口上挂着马列主义，心里却迷信鬼神；有的公开场合称自己是人民公仆，头脑里根深蒂固的却是升官发财；有的当面一套、背后一套，搞上有政策、下有对策；有的对待党的路线方针政策口头上言之凿凿，"坚决拥护"的嗓门儿拉得比谁都高，"步调一致"的口号喊得比谁都响，却私底下心存疑虑、含糊其辞、立场摇摆、执行不力；有的在台面上高谈阔论国家前途命运，而背后一遇到个人名利地位的问题就怨气冲天、埋怨组织；有的对上谄媚逢迎、

① 中共中央党史和文献研究院编：《十九大以来重要文献选编》(上)，中央文献出版社2019年版，第562页。

溜须拍马、奴性十足，对下高高在上、盛气凌人、官气十足；有的为了寻求“靠山”“保护伞”，攀附权势、俯首听命于某个领导干部个人；有的热衷于搞帮派、拉圈子，把对党忠诚变成了对某人、对“小圈子”的忠诚。

这些人口头上忠诚、行动上不忠诚，表面上忠诚、内心里不忠诚，对别人要求忠诚、自己却做“聪明人”。显然，这些“两面三刀”的人严重玷污和亵渎了“忠诚”二字。他们有的已暴露在党纪国法面前并受到惩处，有的还在继续潜藏，并且自认为手段高明，藏得很深，躲得很妙。但伪君子终究是伪君子，华而不实、言行不一的所谓“忠诚”终究会暴露无遗、自食其果。

政治标准是党衡量党员干部的第一标准，其本质的要求就是对党忠诚。忠诚也是党对广大党员干部提出的首要、核心、基本的要求，是新时代条件下每一位党员干部应该具备的最重要的政治品格。

“石可破也，而不可夺坚；丹可磨也，而不可夺赤。”只有胸怀忠心，才能入火海而不退缩、遇烟雾而不迷失、出淤泥而不沾染、临诱惑而不动摇。对党忠诚始终是共产党人砥砺前行的座右铭、大义凛然的正气歌，党的事业靠千千万万党员的忠诚奉献而不断向前发展。中华民族伟大复兴绝不是轻轻松松、敲锣打鼓就能实现的，必须准备付出更为艰巨、更为艰苦的努力。在新时代，广大党员干部只有做到对党忠诚，才能为党和人民的事业勇挑重担，才能做出对党对人民有益的业绩，才能以奉献精神召唤亿万人民接续奋斗，完成新时代党的历史使命。

党员干部只有始终心中有党，对党忠诚，关键时刻才能靠得住。因此，必须加强干部队伍建设，通过加强忠诚教育，重用忠诚干部，清理不忠诚者，从而强化干部的忠诚意识。否则，我们就很难建设一支过硬的干部队伍，无法在激烈的国际竞争中赢得胜利。思想路线、政治路线的实现要靠组织路线来保证。邓小平同志指出："中国的事情能不能办好，社会主义和改革开放能不能坚持，经济能不能快一点发展起来，国家能不能长治久安，从一定意义上说，关键在人。"①

我们党之所以能够把中国革命、建设和改革事业引向成功，很重要的是靠广大党员干部对党的无比忠诚。党员干部有了对党的忠诚，就会自觉把党的主张贯彻到各项工作中去，就会主动为党分忧，就会把全部心思和精力用到工作上。即使知识水平不是很高、能力素质不是特别强，也能去学习、去奋斗，创造出不平凡的业绩。

我们党作为世界上最先进的最大执政党，担负着实现人类最高理想的重任，共产党人的忠诚具有特殊的政治意义和崭新的时代内涵。党的十九大报告指出："全党同志特别是高级干部要加强党性锻炼，不断提高政治觉悟和政治能力，把对党忠诚、为党分忧、为党尽职、为民造福作为根本政治担当，永葆共产党人政治本色。"②

党员干部对党忠诚是保持党的先进性、纯洁性最重要的政治基石。我们党的先进性和纯洁性，是世界上其他任何政党无法比拟的，这与广大党员干部对党的忠诚是分不开的。当前，面对"四大考验""四种危险"，能不能始终坚持对党忠诚，是每个党员干部必须回答的人生课题，也是保持党的先进性、纯洁性必须解决的重大问题。只有解决好对党忠诚的问题，各级党员干部才能始终坚持共产

---

① 《邓小平文选》第3卷，人民出版社1993年版，第380页。

② 中共中央党史和文献研究院编：《十九大以来重要文献选编》（上），中央文献出版社2019年版，第44页。

主义远大理想，才能像爱护自己的眼睛那样爱护党的声誉、维护党的形象，才能使党具有无穷的生命力和战斗力。

完成新时代党的历史使命需要对党忠诚，必须在新时代干部队伍建设中突出强调对党忠诚。要大力弘扬忠诚老实、公道正派、实事求是、清正廉洁等价值观，坚决防止和反对个人主义、分散主义、自由主义、本位主义、好人主义，坚决防止和反对宗派主义、圈子文化、码头文化，发展积极健康的党内政治文化，全面净化党内政治生态。只有这样，才能有效应对重大挑战、抵御重大风险、克服重大阻力、解决重大矛盾。

“君子之道，莫大乎以忠诚为天下倡。”颠簸的长路可以看出骆驼的耐力，复杂的环境可以看出对党的忠诚。党员干部要把忠诚作为第一政治品格，始终对党忠诚、对国家忠诚、对人民忠诚、对党的事业忠诚，始终把党、国家和人民放在心中最高位置，说老实话、办老实事、做老实人，求真务实、担当实干，不断筑牢夯实自己的道德之基、从政之本，才能在民族复兴的征程上行稳致远，实现伟大的中国梦。

第二章

忠于党

忠诚于党，就是要始终做到在党爱党、在党言党、在党忧党、在党为党；就是要增强“四个意识”，坚定“四个自信”，做到“两个维护”，在思想上政治上行动上自觉同党中央保持高度一致；就是要严格遵守党的章程，坚决贯彻执行党的路线、方针和政策，不打折扣、不搞变通；就是要始终保持政治上的清醒和定力，坚决服从组织，严守政治规矩，维护党的形象，一辈子听党的话、跟党走。

一、忠诚贵在绝对，忠诚务必纯粹

忠诚于党，是共产党员的基本政治素养和精神品格，是共产党员的价值追求，是共产党员对党的承诺，是共产党员党性的集中体现。对党绝对忠诚，必须是唯一的、彻底的、无条件的、不掺杂虚假的、没有任何水分的忠诚，就是在任何时候、任何地方、任何环境下都能矢志不渝、坚贞不屈，不讲条件、不计代价、不打折扣地永葆初心、永葆忠心。

对党绝对忠诚胜过其他各种忠诚。忠诚是人的一种优良品质，一个人对亲人、朋友、组织都应做到忠诚。但与这些忠诚相比，党员干部对党的绝对忠诚是一种更为无私、更为可贵的忠诚。党员干部只有做到对党绝对忠诚，才能实现追求个人价值与意义、追求国家发展与进步、追求人类进步与理想三者的完美结合。因而，这种忠诚具有最崇高、最神圣的内涵。

对党忠诚是我们党对党员的一贯要求。党从成立之日起，不同历史时期的入党誓词都突出强调共产党员要做到“忠诚”。如建党初期的入党誓词，据老党员回忆就有“绝对忠实为党工作”“永不叛党”等内容；抗战时期1940年的第4期《共产党人》杂志上，提出的共产党人的宣誓有“终身为共产主义事业奋斗”“永远为党工作”“永不叛党”等内容；解放战争时期的入党誓词有“永远跟着共产党毛主席走”“为新民主主义和共产主义的实现而奋斗到底”；新中国成立后1950年中南局宣传部编印的《共产党员课本》中，要求新党员誓词内容应该是作为一名党员所应履行的义务与努力的方向，“即党章上第一、第二条的基本内容”；改革开放以后1982年9月党的十二大通过的党章，誓词中的“对党忠诚”“为共产主义奋斗终身”“随时准备为党和人民牺牲一切，永不叛党”等内容。至今未有任何改动。[①]

从土地革命、抗日战争、解放战争乃至改革开放新时期，尽管形势任务千变万化，但入党誓词始终不离“忠诚”。对党绝对忠诚，是共产党人最纯真的政治底色。在那个令人毛骨悚然的白色恐怖年代，许光达不惧“清党”，“死不退出共产党”；罗瑞卿身处险境，“宁可冻死饿死，绝不背离共产党”；高树勋三次申请入党，“坚决跟党走，海枯石烂不变心”。先烈用壮举和生命，诠释了忠诚的内涵，奏响了忠诚的强音，谱写了忠诚的壮歌。

---

① 参见段春义：《入党誓词有过几个版本》，《解放日报》2017年11月7日。

党的十八大以来，针对党内外、国内外的新情况，习近平总书记多次强调关于党员要对党绝对忠诚的问题，指出："对党绝对忠诚要害在'绝对'两个字，就是唯一的、彻底的、无条件的、不掺任何杂质的、没有任何水分的忠诚。党员、干部要用这样的标准要求自己，自觉在思想上政治上行动上同党中央保持高度一致，党叫干什么就坚决干，党不允许干什么就坚决不干。"[①]对党忠诚既是我们党对党员早已有之的要求，又在今天被赋予了新的时代内涵。

如今，我国已经进入新时代，党团结带领人民踏上了实现第二个百年奋斗目标的新征程。时代是出卷人，我们是答卷人。我们党要团结带领人民进行伟大斗争、建设伟大工程、推进伟大事业、实现伟大梦想，必然对党员干部的忠诚度有更高的要求。正确的政治路线要靠正确的组织路线来保证。中国的事情能不能办好，新的历史任务能不能坚持，国家能不能长治久安，人民的利益是否能够得到实现和保障，从一定意义上说，关键在人。

历史和现实都表明，一个政党、一个国家能不能不断造就出一支忠诚干净担当的高素质干部队伍，在很大程度上决定着这个政党、这个国家的兴衰存亡。因此，我们必须把对党的绝对忠诚放在首位，在对党忠诚上不打折扣，以对党忠诚之心，做对党忠诚之事。要坚决维护以习近平同志为核心的党中央权威和集中统一领导，保证党的路线方针政策和党中央重大决策部署贯彻落实，坚持原则，秉公办事，不论在什么情况下，都要经得起考验，决不做损害党的利益的事。

---

① 中共中央纪律检查委员会、中共中央文献研究室编：《习近平关于严明党的纪律和规矩论述摘编》，中央文献出版社、中国方正出版社2016年版，第24页。

对党绝对忠诚是党员干部自身抵御各种风险和诱惑的利器。党员干部都是手中有权力的，不可避免地会面临各种考验、风险和诱惑。既有工作中落实国家方针政策、推进改革开放、处理好改革发展稳定的考验，也面临着如何在执掌权力的情况下，紧密联系群众，保持与群众的血肉联系，不断改善民生，化解工作和社会发展中遇到的各种突出问题的考验。同时，随着国内外各种思潮相互激荡，各种错误思想和利益矛盾也不可避免地会影响每一位党员干部，如何具有政治判断力、现实洞察力、理论解释力是每一位党员干部必须修炼的能力，缺少对党的绝对忠诚，必然会功亏一篑，甚至走火入魔。[①]

不可否认，有的党员干部基本忠诚尚能做到，若论“绝对”还有差距，甚至存在极少数党员干部“假忠诚”的现象。有的当面一套、背后一套，对中央的大政方针口是心非、阳奉阴违，表态纯粹成了“做姿态”；有的口头说加强“理论武装”，声称挤出时间来学习，实际却宁可把精力花在花边新闻和野史上，也不肯学理论、学党史；有的对涉及党的领导和中国特色社会主义的大是大非态度暧昧，不敢亮剑；有的目无组织，该请示的不请示，该报告的不报告，或者先斩后奏；有的在党内培植私人势力，以人画线，拉帮结派，搞小山头、小团伙、小圈子等非组织活动，给我们党内政治生活带来破坏。所有这些表现的形式虽不尽相同，但性质是共同的，就是对党不忠诚，丢掉了共产党人起码的政治操守，对党的事业危害极深。

党员干部必须认识到，对党忠诚从来不是商品，绝非用来做交换

---

① 参见田改伟：《党员领导干部要对党绝对忠诚》，《人民论坛》2019年第3月上期。

或谋私利的资本。对党忠诚必须是纯粹的、无条件的，既是政治素养层面的要求，又是具体的实践要求。“中国核潜艇之父”黄旭华院士30年深藏功与名、一心为国倾力奉献，谱写了当代精忠报国的“满江红”，成为全国人民景仰的国之功臣、道德楷模，更为共产党人作出了忠诚示范，树立了光辉榜样。

党员干部对党的忠诚必须是绝对的。习近平总书记谈到忠诚时用过两个词，一个是“绝对”，另一个是“纯粹”。习近平总书记指出：“对党忠诚、永不叛党，是党章对党员的基本要求。在对党忠诚问题上，中央政治局的同志必须纯粹。对党忠诚，不是抽象的而是具体的，不是有条件的而是无条件的，必须体现到对党的信仰的忠诚上，必须体现到对党组织的忠诚上，必须体现到对党的理论和路线方针政策的忠诚上。”[①]在对党忠诚的问题上，一点也不能含糊，要旗帜鲜明、斩钉截铁地反对哪怕是一点点的不忠诚。忠诚是不讲条件的，跟党走是不留后路的，必须忠诚一辈子、跟定一辈子、奉献一辈子。不论前进中遇到什么困难、出现什么挫折，都要毫不动摇、毫不退缩、毫不消沉，坚定不移、矢志不渝、无限忠诚。

对党绝对忠诚，就要将党章意识融入血液。主动认真、扎实系统、反复用心地学习党章，掌握党章的主要内容和精神实质，深刻理解党的基本理论、基本路线、基本纲领和基本经验，深刻理解解放思想、实事求是、与时俱进、求真务实的思想路线，深刻理解建设什么样的党、怎样建设党等基本问题。深刻按照党章的要求，经常检视自己的言行，修正自己的坐标，始终牢记自己是一名共产党员，牢记

---

① 《习近平谈治国理政》第2卷，外文出版社2017年版，第189页。

自己的入党誓言，矢志不渝地为党和人民的事业努力奋斗，用时间的跨度、行动的力度展示信仰的纯度。[①]

这种忠诚不在于喊了多少口号，而在于有多少实际行动。要以实际行动体现忠诚自觉。对党绝对忠诚是政治标准，更是实践要求，既看政治态度，更看实际行动，必须落实到一言一行，体现在一点一滴，贯穿于一生一世。贯彻落实党的路线方针政策不打折扣、不做选择、不搞变通，始终做到党中央号召的坚决响应、要求的坚决照办、禁止的坚决不干、部署的坚决落实。我们要把对党绝对忠诚融入血脉灵魂，贯穿于修身为政的全过程，确保在思想上政治上行动上同党中央保持高度一致。

做到对党绝对忠诚，不是一蹴而就的事，需要愚公移山的志向、滴水穿石的功夫。要坚持用党的创新理论武装头脑，深扎理想信念的根，筑牢忠贞不改的魂；严守党的政治纪律和政治规矩，不仅铭记于心，而且见诸于行，一切行动服从组织的决定；要以英模人物“对标”，常思不足，常找差距，从中感悟崇高、汲取营养，在为人民服务的实践中提高觉悟、锤炼党性。唯有如此，党员干部对党忠诚，才能成为最虔诚、最执着、最经得起考验的忠诚，才能在任何时候任何情况下都一心向党、决不动摇，把个人的生命价值与党的事业发展高度融合在一起，使个人的才干与美德在最崇高的事业上获得认可与证明，使个体生命的价值在最神圣的事业上得到实现。

---

① 参见韩静宇：《对党绝对忠诚是根本政治要求》，《思想政治工作研究》2017年第6期。

二、坚决做到“两个维护”，树牢“四个意识”

中国共产党领导是中国特色社会主义最本质的特征，也是中国特色社会主义制度的最大优势。坚持党的领导，就必须坚决维护习近平总书记党中央的核心、全党的核心地位，坚决维护党中央权威和集中统一领导。这是马克思主义政党必须坚持的一条重要原则。

“两个维护”，就是坚决维护习近平总书记党中央的核心、全党的核心地位，坚决维护党中央权威和集中统一领导，在政治立场、政治方向、政治原则、政治道路上同党中央保持高度一致。“两个维护”既是党的政治建设的首要任务，也是进行伟大斗争、建设伟大工程、推进伟大事业、实现伟大梦想的内在要求，也是对党员干部的政治要求。

“两个维护”是根本的政治纪律和政治规矩。党的十八大以来，党和国家事业之所以能取得历史性成就，发生历史性变革，最根本的原因就在于以习近平同志为核心的党中央的坚强领导，就在于习近平新时代中国特色社会主义思想的科学指引。坚决维护习近平总书记党中央的核心、全党的核心地位，坚决维护党中央权威和集中统一领导，是党和国家前途命运所系，是全国各族人民根本利益所在，是最根本的政治纪律和政治规矩。

坚决维护以习近平同志为核心的党中央权威和集中统一领导，是对我们党历史经验的科学总结。习近平总书记在2016年12月主持中央政治局民主生活会时的讲话中指出：“党的历史、新中国发展的历史都告诉我们：要治理好我们这个大党、治理好我们这个大国，保证党的团结和集中统一至关重要，维护党中央权威至关重要。”[①]这是我国革命、建设、改革的重要经验，是一个成熟的马克思主义执政党的重大政治原则。

坚决维护以习近平同志为核心的党中央权威和集中统一领导，是新时代推进“四个伟大”的根本保证。新时代推进“四个伟大”，其中起决定作用的是党的建设新的伟大工程。党的领导是中国特色社会主义最本质的特征，是中国特色社会主义制度的最大优势，是决胜全面建成小康社会、夺取新时代中国特色社会主义伟大胜利的根本保证。事在四方，要在中央。坚持党的领导首先是坚持党中央集中统一领导。

坚决维护以习近平同志为核心的党中央权威和集中统一领导，是党的政治建设的首要任务。政治建设是党的根本性建设，政治建设的首要任务是保证全党服从中央、坚持党中央权威和集中统一领导。对此，习近平总书记提出明确要求：“加强党的政治建设就是要发挥政治指南针作用，引导全党坚定理想信念、坚定‘四个自信’，廓清思想迷雾，澄清模糊认识，排除各种干扰，把全党智慧和力量凝聚到新时代坚持和发展中国特色社会主义伟大事业中来。”[②]

令之不行，政之不立。中国共产党领导，是时代和人民的选择。坚决维护习近平总书记党中央的核心、全党的核心地位，维护党中央权威和集中统一领导，才能形成万众一心的磅礴力量，应对国内外各种风险和考验，不断夺取中国特色社会主义事业新胜利。

---

① 《习近平谈治国理政》第2卷，外文出版社2017年版，第188页。
② 《习近平谈治国理政》第3卷，外文出版社2020年版，第93页。

做到“两个维护”，必须牢固树立“四个意识”。

我们党是高度集中统一的马克思主义政党，思想上的统一、政治上的团结、行动上的一致是党的事业不断发展壮大的根本所在。坚决维护习近平总书记党中央的核心、全党的核心地位，维护党中央权威和集中统一领导，必须牢固树立政治意识、大局意识、核心意识、看齐意识，自觉在思想上政治上行动上同党中央保持高度一致。“四个意识”是“两个维护”的重要思想基础，“两个维护”是“四个意识”的集中体现。

“四个意识”是一个意蕴深刻、相互联系的有机整体，集中体现了根本的政治方向、政治立场、政治要求，是检验党员干部政治素养的基本标准。增强“四个意识”，自觉维护习近平总书记党中央的核心、全党的核心地位，对于维护党中央权威和集中统一领导，对于确保全党方向和立场坚定正确，对于全党全军全国各族人民更好凝聚力量抓住机遇、战胜挑战，对于全党团结一致、不忘初心、继续前进，对保证党和国家兴旺发达、长治久安，具有十分重大的意义。

“四个意识”的根本是贯彻落实“两个维护”。只有紧紧抓住“两个维护”这个大局，才能真正领悟“四个意识”的本质和意义。对于“四个意识”，我们不但要“知其然”而且要“知其所以然”，在正确认知的基础上，解决好“怎么办”的问题，也就是如何把增强“四个意识”转化为实际行动。“四个意识”与党章规定的“四个服从”一脉相承。党员个人服从党的组织，少数服从多数，下级组织服从上级组织，全党各个组织和全体党员服从党的全国代表大会和中央委员会，这“四个服从”是党的民主集中制的基本原则之一，也是党的纪律建设的核心内容。党的各个组织和全体党员，只有切实增强“四个意识”，自觉坚持和维护“四个服从”，才能使全党产生向心力、凝聚力和战斗力。

增强政治意识。“四个意识”中，政治意识是打头的、管总的。我们党作为马克思主义政党，讲政治是突出的特点和优势。政治意识表现为坚定政治信仰，坚持正确的政治方向，坚持政治原则，站稳政治立场，保持政治清醒和政治定力，增强政治敏锐性和政治鉴别力。政治意识是立党之本，党员干部都要有清醒的政治意识、鲜明的政治立场、坚定的理想信念和远大的抱负，善于从政治上看待、分析和处理问题，始终坚持共产党的领导，高举中国特色社会主义伟大旗帜，不走改旗易帜的邪路，与党中央始终保持高度一致，听党的话，永远跟党走，做政治上的明白人。

增强大局意识。自古不谋万世者，不足谋一时；不谋全局者，不足谋一域。只有顾全大局，才能摆正位置，确保同心同德、步调一致。党员干部做人谋事、干事创业，凡事都要始终胸怀大局，把工作放到大局中去定位，做到正确认识大局、自觉服务大局、坚决维护大局；善于站在大局高度观察和思考问题，切实把思想和行动统一到中央对形势的研判和总体部署上来，真正做到想问题、作决策、抓落实都能围绕大局，一切从大局出发，又主动作为以重点牵引全局、以局部支持大局；强化组织意识，时刻想到自己是党的人、是组织的一员，时刻不忘自己的义务和责任。

增强核心意识。政治从来就需有核心。党的全部历史证明，“任何一个领导集体都要有一个核心，没有核心的领导是靠不住的。”[①]

---

① 《邓小平文选》第3卷，人民出版社1993年版，第310页。

党员干部牢固树立核心意识，紧紧围绕以习近平同志为核心的党中央，以人民群众为主体，构建正确的世界观、人生观、价值观、权力观，认真践行社会主义核心价值观，爱国、敬业、诚信、友善。自觉在思想上政治上行动上同以习近平同志为核心的党中央保持高度一致，坚持党的领导特别是党中央的集中统一领导，坚决维护党中央的权威，使全党产生强大的向心力、凝聚力和战斗力，使我们党更加团结统一、坚强有力，始终成为中国特色社会主义事业的坚强领导核心。

增强看齐意识。看齐是基准，看齐是号令。只有天天喊、时时喊，不断增强全党的纪律意识和命令意识，才能心往一处想，劲往一处使，步调一致取得胜利。习近平总书记以身作则、率先垂范，要求了多少，自己就做到多少。见贤思齐，见不贤而内自省。要始终向以习近平同志为核心的党中央看齐，向党的理论和路线方针政策看齐，向党中央决策部署看齐，做到党中央提倡的坚决响应、党中央决定的坚决执行、党中央禁止的坚决不做，不断校正坐标，以中央要求为行动指南，保证全党统一意志、统一行动、步调一致，把中央的决策部署坚决落实到位。

在实践中，广大党员干部要不断提高马克思主义理论水平，筑牢信仰之基、补足精神之钙、把稳思想之舵，以理论上的清醒保证政治上的坚定，真正紧跟核心、维护核心，绝不能有丝毫的犹豫和动摇；把“两个维护”和“四个意识”转化为在党爱党、在党言党、在党忧党、在党为党的实际行动，坚持围绕核心发力、向党中央看齐，坚持从政治上考量、在大局下行动，做到党中央提倡的坚决响应、党中央决定的坚决执行、党中央禁止的坚决不做，对以习近平同志为核心的党中央绝对忠诚，确保政治信仰不变、政治立场不移、政治方向不偏。

三、对党忠贞不贰，光明磊落表里如一

忠诚，真心诚意、尽心竭力、忠贞不贰。党员干部要做到对党绝对忠诚，首先必须做到心怀坦荡、光明磊落、表里如一，要言行一致，老老实实做人。党章明确规定，党员必须“维护党的团结和统一，对党忠诚老实，言行一致，坚决反对一切派别组织和小集团活动，反对阳奉阴违的两面派行为和一切阴谋诡计”。

《共产党宣言》认为，共产党人要对党忠诚，不能对党隐秘自己的观点与意图。毛泽东同志经常用此观点来教育同志，对党忠诚、襟怀坦白。20世纪50年代中期，在全面开展社会主义建设、实施第一个五年计划过程中，出现了一些复杂的新情况，例如，党内一度出现一些认识上的分歧，也有人骄傲自满起来，甚至在局部出现分散主义和背离党的团结统一等现象。为解决这些问题，毛泽东同志在1955年3月召开的中国共产党全国代表会议上提醒党内同志：“不要因为我们的工作有成绩就骄傲自满起来，应该保持谦虚态度，向先进国家学习，向群众学习，在同志间也要互相学习，以求少犯错误。”[①]同时他在批评党内少数人“玩弄阴谋，进行秘密活动，在同志背后进行

① 《毛泽东文集》第6卷，人民出版社1999年版，第390页。

挑拨离间”[①]时，再次引用《共产党宣言》中的话：“共产党人认为隐秘自己的观点与意图是可耻的事”[②]。毛泽东同志提醒大家：“我们是共产党人，更不待说是党的高级干部，在政治上都要光明磊落，应该随时公开说出自己的政治见解，对于每一个重大的政治问题表示自己或者赞成或者反对的态度。”[③]他特别强调：绝对不可以“玩弄阴谋手段”[④]。

对党忠诚老实，做老实人、说老实话、办老实事，是党的好传统；坚持实事求是，是共产党人的优良作风，是共产党人党性的一个重要表现。邓小平同志曾指出，一个自觉的革命者无论何时何地，在何种情况下，都要做到忠诚老实，对党要忠诚，对群众要忠诚，要老老实实地说话，老老实实地办事，老老实实地做人。[⑤]陈云同志在《党员对党要忠实》一文中提出：“我们共产党是言行一致的政党，而且只有共产党才能言行一致。我们共产党内也不允许有对党言行不一致的党员，不允许任何党员对党讲一句假话。”[⑥]老一辈共产党人对于党员对党忠诚的内涵做了精准阐述，相关论述具有极强的现实意义。党员干部对于党的事业负有重大的责任，应该成为广大群众的模范，这就要求党员干部对党忠诚，光明磊落，言行一致。

很多老一辈无产阶级革命家之所以受人钦佩，让人崇敬，很重要的就在于他们对党忠诚，光明磊落，经常主动审查自己，自觉向党

---

① 《毛泽东文集》第6卷，人民出版社1999年版，第391页。

② 这句话的新译文是“共产党人不屑于隐瞒自己的观点和意图”。《马克思恩格斯选集》第1卷，人民出版社2012年版，第435页。

③ 《毛泽东文集》第6卷，人民出版社1999年版，第391页。

④ 《毛泽东文集》第6卷，人民出版社1999年版，第391页。

⑤ 参见钟文、鹿海啸：《百年小平》（上），中央文献出版社2004 年版，第178页。

⑥ 《陈云文选》第1卷，人民出版社1995年版，第201页。

组织汇报思想，生怕自己对党不够坦诚、不够透明。他们一生襟怀宽广，光明磊落，对同志、对朋友、对上下级，从来开诚布公，坦诚相见。心里想的，口里说的，行动上做的，是一回事。愿不愿对党真诚坦白，言行一致，能不能向组织说真话道实情，是对党员干部党性的重要考验。

个别党员干部因为对党不忠诚、不老实，在政治上搞两面派，当“两面人”。有的修身不真修、信仰不真信，很会伪装，喜欢表演作秀，表里不一、欺上瞒下，说一套、做一套，台上一套、台下一套，当面一套、背后一套，手腕高得很；有的公开场合要党员干部坚定理想信念，背地里自己不敬苍生敬鬼神，笃信风水、迷信“大师”；有的见风使舵、巧言令色，见人说人话、见鬼说鬼话，把庸俗的市侩作风带到党内，还自以为得意；有的口头上表态坚定不移反腐败，背地里对涉及领导干部的问题线索不追问、不报告；有的张口“廉洁”、闭口“清正”，私底下却疯狂敛财；在较真碰硬的时候，一些人隐瞒情况，误导和对抗组织；在急难险重任务面前，一些人逃避责任，不敢站在前列。极少数的“两面人”蒙蔽了组织，带坏了队伍，助长了虚假之风，污染了政治生态，造成从政环境的恶性循环，经济社会发展基础受到破坏，危害甚重。

不老实，所谓的忠诚就是假的。不老实的氛围一旦形成，必然对一个地方、一个单位的政治生态造成极大的破坏。习近平总书记反复强调，要对党、对组织、对人民、对同志忠诚老实。2012年5月，习近平同志在中央党校春季学期第二批入学学员开学典礼上的讲话中指出：“领导干部一定要求真务实，大力弘扬我们党优良的思想作风和工作作风，讲老实话、办老实事、做老实人，这是坚持实事求是的作风保证。”[①] 2014年全国“两会”期间，习近平总书记对全党提出“三严三实”的要求，要求党员领导干部用“严”和“实”来自觉规范为官之道和行为准则。他特别指出：“做人要实，就是要对党、对组织、对人民、对同志忠诚老实，做老实人、说老实话、干老实事，襟怀坦白，公道正派。”[②]党的各级组织和全体党员务必自觉保持我们党的优良传统和政治优势，说老实话、办老实事、做老实人，既是一种高尚的人生态度，更是一种严谨的道德实践。

党的十八届六中全会强调：“党的各级组织和全体党员必须对党忠诚老实、光明磊落，说老实话、办老实事、做老实人，如实向党反映和报告情况，反对搞两面派、做‘两面人’，反对弄虚作假、虚报浮夸，反对隐瞒实情、报喜不报忧。”[③]

邓小平同志强调：“做老实人，说老实话，办老实事，这是一个共产党员的起码标准。”[④]做老实人不做“两面人”，既是党员干部应有的道德品质，也是党员干部必备的政治品格。荀子把“口言善，身行恶”的人称为“国妖”，把“口能言之，身能行之”的人称为“国宝”，认为治国者要“敬其宝”“除其妖”。党员干部特别是领导干部肩负着带领群众发展各项事业，理应坦坦荡荡、表里如一，当“国宝”不当“国妖”，做老实人不做“两面人”，为全面从严治党注入强大正能量。

---

① 习近平：《坚持实事求是的思想路线》，《学习时报》2012年5月28日。

② 《习近平谈治国理政》第1卷，外文出版社2018年版，第381—382页。

③ 中共中央党史和文献研究院编：《十八大以来重要文献选编》（下），中央文献出版社2018年版，第426页。

④ 中共中央文献研究室编，冷溶、汪作岭主编：《邓小平年谱（1975—1997）》（上），中央文献出版社2004年版，第182页。

习近平总书记强调，领导干部谋事要实、创业要实、做人要实。“实”是我们共产党人一贯的优良作风。党员干部要对组织真心实意、对群众真情实感、对工作真抓实干，光明磊落、襟怀坦白，言行一致、表里如一，绝不能说一套做一套、阳奉阴违、口是心非。绝对忠诚不在于喊了多少口号，而在于有多少实际行动；不在于应付式的表态发誓，而在于关键时刻旗帜鲜明，把绝对忠诚体现在一言一行中，在所从事的事业和工作中书写绝对忠诚。

一个人诚信老实与否，涉及他是否有自尊自重的素质。西塞罗说：“没有诚信，哪来尊严。”古人说：“诚者物之终始，不诚无物。是故君子诚之为贵。”忠诚老实蕴含着无穷无尽的正能量。党员干部队伍中的老实人越多，党的创造力凝聚力战斗力就越强，就能形成又有集中又有民主、又有纪律又有自由、又有统一意志又有个人心情舒畅生动活泼的政治局面。

在言行上堂堂正正、光明磊落。光明正大地说话办事，不蝇营狗苟，不搬弄是非，不挑拨离间，不拉帮结派，人前人后一个样，台上台下一个样，对人对己一个样；对上不阳奉阴违，对下不矫揉造作，处理公共事务不搞暗箱操作，不搞当面一套、背后一套的两面作风，不搞对人一套、对己一套的双重标准；说话心口一致。不说颠倒黑白、混淆是非的假话，不说信口开河、无中生有的谎话，不说言不由衷、口是心非的违心话，不说虚情假意、不切实际的空话；为人正直，公道正派，敢于坚持原则，敢于扶正祛邪，不要小聪明，不使小心眼，不搞小动作；不弄虚作假，不明知故犯，不做表面文章，不搞形式主义花架子，不办知行相背的违心事和违背事理的昧心事。

如实报告工作和个人事项。实事求是是一种科学精神、一种政治品格、一种优良作风。坚持实事求是，要求每一个党员干部都要做老实人、说老实话、办老实事。报告工作要坚持实事求是，把对党忠诚的态度贯穿请示报告全过程。要全面如实请示报告工作，反映、分析问题，提出建议，既报喜又报忧，既报功又报过、既报结果又报过程。对于个人重大事项，切不可打折扣、搞变通，要以对自己负责、对组织负责的态度，老老实实、原原本本地向组织交代自己的情况，做到应报必报、决不隐瞒，自觉主动接受组织的监督，对党忠诚老实。

要通过“正心诚意”加强道德修养。很难想象，一个心理阴暗、阳奉阴违、道德败坏的人能够对党绝对忠诚。现实生活中，有的党员干部腐化堕落，背叛党、背叛人民，很大程度上就是因为在道德修养上出了问题。习近平总书记指出：“党员干部特别是领导干部务必把加强道德修养作为十分重要的人生必修课，自觉从中华优秀传统文化中汲取营养，老老实实向人民群众学习，时时处处见贤思齐，以严格标准加强自律、接受他律，努力以道德的力量去赢得人心、赢得事业成就。”[①]这就要求党员干部高度重视个人道德修养，带头弘扬社会主义核心价值观，自觉讲诚信、守纪律、懂规矩，襟怀坦白、言行一致，真正做到里里外外一个样、人前人后一个样、台上台下一个样。只有不断提高道德修养，坚决反对口是心非、虚情假意，党员干部才能真正做到对党绝对忠诚。

---

① 《习近平在河南考察时强调 深化改革发挥优势创新思路统筹兼顾 确保经济持续健康发展社会和谐稳定》，《人民日报》2014年5月11日。

四、在大是大非面前立场坚定，发扬斗争精神

大是大非，是指事关国家、政党、社会发展根本方向和前途命运的带有原则性、根本性、全局性、战略性、长远性的重大是非对错的问题。在当代中国，根本的大是大非是什么？概括地讲，就是在中国共产党的领导下，坚持和发展中国特色社会主义。[①]习近平总书记指出："我们党始终强调，中国特色社会主义，既坚持了科学社会主义基本原则，又根据时代条件赋予其鲜明的中国特色。这就是说，中国特色社会主义是社会主义，不是别的什么主义。"[②]在我们要举什么旗、走什么路、坚持什么路线的问题上，党和国家明确表态，要高举中国特色社会主义伟大旗帜，坚定不移走中国特色社会主义道路，全面贯彻执行党的基本路线。"大是大非"在任何时候都不能动摇。

对一个党员干部来说，政治上的"大是大非"就是要求党员干部在"举什么旗、走什么路"，坚定理想信念，全面贯彻执行党的路线方针政策，坚守全心全意为人民服务的宗旨意识等这样的大是大非面前明辨是非、态度鲜明、立场坚定，在"乱花渐欲迷人眼"的诱惑干扰面前保持"乱云飞渡仍从容"的政治定力。政治定力是党员干部的最重要的政治素养，如果党员干部政治定力出现问题，就很可能在各种风险、各种考验面前败下阵来。

---

① 参见高长武：《在大是大非面前的"三个不能"》，《红旗文稿》2016第22期。

② 中共中央文献研究室编：《十八大以来重要文献选编》（上），中央文献出版社2014年版，第109页。

党的十八大以来，习近平总书记多次强调党员干部要坚守政治信仰、把牢政治方向、保持政治定力、站稳政治立场。《关于新形势下党内政治生活的若干准则》明确指出："党员、干部特别是高级干部在大是大非面前不能态度暧昧，不能动摇基本政治立场，不能被错误言论所左右。"党员干部必须在执政为民的工作实践中，在学习和自我修炼中，不断增强政治定力，不断端正基本政治立场，始终做到政治信仰坚定、把握大势大局大事、敢于担当负责。对于那些在大是大非面前没有立场、没有态度、无动于衷、置身事外，在错误言行面前不抵制、不斗争，明哲保身、当老好人等政治不合格的坚决不用，已在领导岗位的要坚决调整，情节严重的要严肃处理。这既列出了新形势下党员干部在大是大非上的负面清单，提出了对党员干部保持政治定力的基本要求，也为严肃党内政治生活和净化党内政治生态提供了基本遵循。

党员干部特别是领导干部，是我们党治国理政的"关键少数"，他们在大事面前的态度、立场和表现，对于党和国家事业发展至关重要。正因如此，党员干部特别是高级干部在大是大非面前不能态度暧昧，不能动摇基本政治立场，不能被错误言论所左右。当年毛泽东同志曾这样评价叶剑英同志："诸葛一生唯谨慎，吕端大事不糊涂。"[①] 纵观叶剑英同志一生在中国革命和建设的紧要关头所作出的重大贡献，这个评价是当之无愧的。叶剑英同志在大节处看清要害，在大是大非面前政治立场坚定，不为错误思想所左右，在关键时刻发挥了

---

① 中共中央文献研究室、新华通讯社编，逄先知、郭超人、陈群主编：《叶剑英》，中央文献出版社1997年版，第73页。

重要作用，体现了过硬的政治定力。这也启示我们，党员干部特别是高级干部必须强化“每临大事学吕端”的意识，保持清醒的头脑和过硬的政治定力。

大是大非是检验党员干部政治定力的试金石。首先，大是大非的基本特点决定着党员干部必须保持政治定力。大是大非涉及一个国家和政党的基本方向、基本准则、基本利益和基本道路等根本性与方向性问题，是其制定一切政策和做出实践行动的根本考量。就我们党内而言，大是大非涵括准则涉及的坚定理想信念、坚持党的基本路线、坚决维护党中央权威、严明党的政治纪律、保持党同人民群众的血肉联系等主要内容，这些问题都是关系党的命运和前途的重大问题。就当前我国所处的阶段和特征来说，毫不动摇地坚持中国特色社会主义道路、理论、制度和文化，是当前我们最根本的大是大非，事关我们党和国家举什么旗、走什么路的根本政治问题。领导干部在这个大是大非面前必须保持政治定力，坚决执行党的基本理论、基本路线、基本纲领、基本经验和基本要求，为推动党的建设新的伟大工程与中国特色社会主义伟大事业同向前进提供政治保证。

其次，党员干部的角色担当要求其必须保持政治定力。习近平总书记在党的十八届六中全会第二次全体会议上指出，加强和规范党内政治生活，加强党内监督，必须从党员干部特别是高级干部做起。领导干部是“关键少数”，他们在大是大非面前的态度、立场和表现，对于党和国家事业发展至关重要。如果其政治定力出现偏差，就会带坏整个群体，败坏整个政治风气。正因如此，准则将党员干部在大是大非面前的政治定力作为其选拔任用的核心条件，对在大是大非上没有立场、没有态度、无动于衷、置身事外，在错误言行面前不抵制、不斗争，明哲保身、当老好人等政治不合格的坚决不用，已在领导岗位的要坚决调整，情节严重的要严肃处理。

最后，党员干部在大是大非面前保持政治定力，具有鲜明的针对性和现实意义。党员干部理应是党的路线、方针、政策的坚决维护者和执行者。《关于新形势下党内政治生活的若干准则》对党员干部在大是大非面前提出了要求，指出了当前某些党员干部在政治态度、政治立场和政治鉴别力等方面的偏差，反映出某些党员干部政治定力与我们党的要求之间的差距。总体上看，当前绝大多数党员干部在政治上是清醒且坚定的，但在现实生活中仍出现少数党员干部在大是大非面前政治立场不坚定、组织原则不遵循、重大决策不执行、错误言论不抵制等问题，表现为理想信念动摇、宗旨意识淡化、政治鉴别力弱化、对党不忠诚、做人不老实，严重影响到党的执政形象与执政权威，影响到党的路线方针政策的贯彻执行。[①]

党员干部在大是大非面前保持政治定力，就要坚决反对各种错误思想，通过开展坚决有力的思想舆论斗争展示政治定力。革命战争年代，判断一个党员干部是否合格，需要经过血与火、生与死的考验。如今，有硝烟的战争少了，但没有硝烟的战争无时无刻不在发生。西方国家把我国的发展壮大视为对其价值观和制度模式的挑战，加紧对我国进行思想文化渗透。国内外各种敌对势力一刻也没有停止对我们党、对社会主义制度、对中国特色社会主义事业的攻击和挑衅。在事关坚持还是否定四项基本原则等大是大非和政治原则问

① 参见仰义方：《党员干部在大是大非面前必须保持政治定力》，《红旗文稿》2017年第2期。

题上，必须增强主动性、掌握主动权、打好主动仗。

党的十九大报告指出："中国共产党是敢于斗争、敢于胜利的伟大政党。"[①]始终保持斗争精神是中国共产党人在革命、建设和改革过程中取得一个又一个胜利的重要法宝，也是当前进行具有许多新的历史特点的伟大斗争的有力武器。习近平总书记在2021年春季学期中央党校（国家行政学院）中青年干部培训班开班式上强调，敢于斗争是我们党的鲜明品格。年轻干部要自觉加强斗争历练，在斗争中学会斗争，在斗争中成长提高，努力成为敢于斗争、善于斗争的勇士。

斗争精神不是与生俱来的，不会随着党龄增加、职务升迁而自然提高。客观来看，确有少数党员干部斗争精神和斗争本领不足。有的在事关党和国家前途命运的大是大非面前模棱两可、立场摇摆，对错误思潮的围攻退避三舍、三缄其口；有的人得了"软骨病"，习惯当"老好人"，面对错误言行不敢批评，无原则地和稀泥，该发声时不发声，该亮剑时不亮剑；有的人患上恐惧症，一心想当"太平官"，奉行"无为而治"，遇到矛盾绕着走，碰到困难躲着走，任凭问题累积发酵、积重难返；有的人搞一团和气，凡事追求四平八稳、"差不多就行"，不敢较真碰硬。这些不愿斗争、不敢斗争的行为，说到底是党性不纯的表现，应当及时纠正。

不斗争就意味着妥协退让，意味着得过且过。长此以往，只会精神委顿、斗志尽失，如遇风浪则脑发蒙、腿发软、心发慌。斗争精神

---

① 中共中央党史和文献研究院编：《十九大以来重要文献选编》（上），中央文献出版社2019年版，第49页。

历来是共产党人的精神财富。革命坚决、斗争勇敢，是每一名共产党员必须具备的宝贵品质。党员干部要做勇于斗争的“战士”，不做爱惜羽毛的“绅士”，以“踏平坎坷成大道，斗罢艰险又出发”的顽强意志，坚决同忽视政治、淡化政治、不讲政治的现象作斗争，才能经风雨、见世面、长才干、壮筋骨，真正锻造成为烈火真金。

坚持正确斗争方向、立场、原则是进行斗争的根本要求，党员干部要自觉明辨政治是非、把稳政治方向、坚持政治领导、站稳政治立场、把准斗争方向，在斗争中找到支撑自己的精神力量；要有“风物长宜放眼量”的眼力，能够看清纷乱斗争背后的“玄机”，在大是大非面前决不犯颠覆性错误，提高斗争质量和效果；要维护党的形象，在内心深处把党置于无比崇高的、神圣不可侵犯的地位，像珍惜自己的生命一样珍惜党的威望，绝不允许以任何形式破坏、歪曲党的形象；要旗帜鲜明地坚持党性原则，始终坚持党的领导和我国社会主义制度不动摇，旗帜鲜明、理直气壮、坚持不懈地与各种错误思想作斗争，做政治上的明白人。

五、牢记第一身份，不断加强党性修养

对党忠诚，必须牢记自己的第一身份是共产党员。党员干部必须时刻牢记自己是党的人。选择入党，就是选择为党和人民勤恳工作、多作贡献。

习近平总书记指出，全党同志要“牢记自己的第一身份是共产党员，第一职责是为党工作，做到忠诚于组织，任何时候都与党同心

同德”[1]。看似朴实的话语，却让人倍感“党员”二字分量之重，称号之光荣、责任之重大。

党员，是一种身份的认定。“我志愿加入中国共产党，拥护党的纲领……”当面向党旗举起右手庄严宣誓时，短短几分钟完成了从普通群众向一名共产党员的身份转变。其实，这种颇具仪式感的认定，仅仅是对“党员”二字认同的开始。换言之，需要知道“我是谁”，还远远不够。[2]

回眸党的历史，老一辈革命家践行着党员的知行合一。谢觉哉从秀才到党员，坚信“我已以身许党”。[3]刘伯承元帅一生许党许国、报党报国，牢记自己的第一身份是共产党员。他曾在所作的《自铭》中说：“如果我一旦死了，能在我的墓碑上题上‘中国布尔什维克刘伯承之墓’十二个字，那就是我最大的光荣。”[4]这里有对信仰的坚定不移，也是对成为党员并做好党员的承诺。20世纪50年代末60年代初，周恩来同志提醒身边工作人员，“在党内活动时我是一个普通党员”，就是要让人记住“第一身份”。

时代在变，对共产党员的要求始终如一，但“身份麻痹”“意识放空”不时出现，就像不少落马干部在忏悔录中说到的，“忘记了自己的党员身份”。其实何止于此？有些干部违纪违法时不觉自己是党员；有些干部在交党费时才想起自己是党员；有些干部在开民主生活会时像一名党员；有些干部在“组织圈”内是党员，在“朋

---

① 中共中央文献研究室编：《十八大以来重要文献选编》（上），中央文献出版社2014年版，第767页。

② 参见李洪兴：《党员在哪儿都是党员》，《人民日报》2016年9月13日。

③ 参见李洪兴：《党员在哪儿都是党员》，《人民日报》2016年9月13日。

④ 李学军：《刘伯承元帅的为与不为》，《学习时报》2018年4月25日。

友圈”“生活圈”就失去党员本色……凡此种种，身份的飘忽不定，让人很难不质疑他们是否还有入党时的热切，是否记得入党宣誓时的承诺，是否坚守作为党员的行为标准。

现实中，有的党员干部党的意识淡化了，没有尽到在党言党、在党忧党、在党为党的神圣责任。有的淡忘了党员身份，有的甚至刻意隐瞒、不愿意提及，把自己当作旁观者，不仅对诋毁党的言论不加以抵制，还随波逐流、乱发牢骚，妄加评论；有的淡忘了党员责任，心中装的不是党的事业、党的利益，一事当前总是先替个人打算。为什么会出现这样的问题？根子是党的意识树得不牢。

身份与自我是一体两面，认同什么样的身份就能塑造出什么样的自我。每个人在社会生活中都有特定角色，社会心理学认为，角色是社会对个人职能的划分，它指出了个人在社会中的地位和社会关系的联系位置，也代表了每个人的身份。让党员有党员样儿，才能获得“同一感的坚强”。否则，党员缺乏对身份的基本认同，缺少身份意识，很容易滑向深渊。

党员身份不是一阵子的坚持，而是一辈子的坚守。党员干部不论在人生路上走了多久、走了多远，不论自己的权力、职位有了多大的变化，都不能忘记自己是从哪里来的，往哪里去；都不能忘记入党时写下的志愿，不能忘记入党宣誓时立下的庄严誓言；要常想入党为了什么，干工作为了什么，身后留下什么；常想怎样才能真正解决思想入党的问题；常想怎样才能成为一名合格的共产党员。

朱德同志生前常说：“我别无他求，只求做一个自自然然的共产党员。”“自自然然”发于内心，出自本能，本性的流露胜过豪言壮语。做一个“全天候”、自自然然的共产党员，发挥好先锋模范作用，不仅仅是把党徽端端正正地挂在胸前，更是要把党员意识牢牢刻在心中，既要立足岗位创佳绩，又要服务社会作贡献；既要联系群众带头干，又要团结群众一道干；既要在平时看得出来，又要在关键时刻站得出来。如此，才能得到组织的信任、群众的拥护，书写属于共产党人俯仰无愧的人生乐章。

职务可以变动，职级可以调动，地域可以流动，但党员的身份始终不动。不管身处何地、身居何位，都理应“牢记自己的第一身份是共产党员，第一职责是为党工作，做到忠诚于组织，任何时候都与党同心同德”①。那些时而清醒时而糊涂、时而自我要求紧一些时而自我约束松一些的党员，工作不扎实、为人不老实、作风不务实，就会在权色诱惑面前忘记身份、失格失规。

“中国共产党党员必须全心全意为人民服务，不惜牺牲个人的一切，为实现共产主义奋斗终身。”党章赋予了党员神圣的使命，也使拥有党员身份成为一种个人荣誉。然而，这种个人荣誉的实现是以履行党员义务为前提的。比如，合格的党员要坚持党和人民的利益高于一切，个人利益服从党和人民的利益，吃苦在前，享受在后，克己奉公，多作贡献；要自觉遵守党的纪律，模范遵守国家的法律法规，严格保守党和国家的秘密，执行党的决定，服从组织分配，积极完成党的任务；等等。认真履行这些义务，就意味着我们要把党员身份当作自己的人生底色，而非随意穿着的“马甲”。一名合格的共产党员，就要践行党的宗旨、拥护党的领导、履行党员的义务，充分发挥党员

---

① 中共中央文献研究室编：《十八大以来重要文献选编》（上），中央文献出版社2014年版，第767页。

的先锋模范作用，不断为党员身份增光添彩，让“我是党员”真正成为一种人生的自豪。

无论是过去还是现在，党组织发展党员的其中一个重要考察条件是示范带头作用。吃苦在前、冲锋在前，甘于奉献、不怕牺牲，为民服务、攻坚克难等，是革命战争年代党员的“样子”。当时因斗争形势的需要，许多党员不能公开自己的身份，而有的群众却能从他们的“样子”中猜到他们的身份。党员的这种先锋模范形象是同党员称谓形影相随的，融入党员的精神和血液，并深深印刻在人民群众的心中。

始终对党忠诚，牢记第一身份，还要不断加强党性修养。2009年，习近平同志在中央党校春季学期开学典礼上的讲话中指出：“坚强的党性，是成为高素质领导干部的首要条件。”[①]党性是党员干部立身、立业、立言、立德的基石，必须在严格的党内生活锻炼中不断增强。

加强党性修养，按照习近平同志的论述，重点要加强五个方面的修养：“各级领导干部要加强理论修养，真正掌握马克思主义的立场观点方法，坚持以与时俱进的态度学习和运用马克思主义理论；要加强政治修养，增强政治信念的坚定性、政治立场的原则性、政治鉴别的敏锐性、政治忠诚的可靠性；要加强道德修养，不断提高道德认识、陶冶道德情操、锤炼道德意志、提升道德境界；要加强纪律修养，增强纪律观念，自觉在思想上政治上行动上同党中央保持高度

---

① 《习近平在中央党校春季学期开学典礼上强调 领导干部要加强党性修养 提高综合素质》，《光明日报》2009年3月2日。

一致，确保政令畅通；要加强作风修养，做到执政为民有新举措、求真务实有新要求、廉洁从政有新成效。”[①]

加强党性修养的首要任务是增强党性观念。党性锻炼是对党的本质属性的深刻理解和内化。党员在组织上入党是一时的事，在思想上、行动上的真正入党却是一生的事。毛泽东同志指出，“一致的行动，一致的意见，集体主义，就是党性。”[②]其中，一致的行动是关键。干部的身份是公职、公仆，干部的职责是公务、公干，干部的利益是公益、公利。在实际工作中，勇于担当不怕事、善于担当会干事、体现担当干实事，才能为党用好权、为民尽好责，才能将党性修养落到实处。党员干部特别是领导干部要加强党性锻炼，不断提高政治觉悟和政治能力，把对党忠诚、为党分忧、为党尽职、为民造福作为根本政治担当。

加强党性修养要按党的标准严格要求自己、磨炼自己、提高自己。党章是党员干部加强党性修养的根本标准。党员干部的一举一动、一言一行要以党章为标尺、以党章为镜鉴。要敢照镜子、常照镜子，坚持“吾日三省吾身”，时常问问自己党性修养有没有、纯不纯、强不强。常照镜子才能正视自我、发现问题，从而解决问题。党性修养实质上就是共产党人不断反省改正自身缺点错误，实现自我净化、自我完善、自我革新、自我提高的过程。习近平总书记指出：“每个同志都有改造自己、提高自己的职责，打扫思想灰尘、祛除不

---

① 《习近平在中央党校春季学期开学典礼上强调　领导干部要加强党性修养　提高综合素质》，《光明日报》2009年3月2日。

② 《毛泽东文集》第3卷，人民出版社1996年版，第417页。

良习气、纠正错误言行永无止境，永远都是进行时。”[①]每一位党员干部要经常对自身的“残枝败叶”勇于修剪，自我纠错，将错误克服在发端之时，把隐患消灭在萌芽状态，通过不断地自我净化、自我革新、自我完善、自我提高，实现自身党性修养的强化和提升，永葆共产党人的政治本色。

党性修养没有止境，必须持之以恒、久久为功。党性修养贵在自觉，功在持之以恒，终身修养是共产党员的必修课。作为一名党员干部，从入党那天起，就要确立终身修养的思想。党性修养搞一阵子并不难，难的是一辈子坚持党性修养，在正确处理一个又一个问题的实践中，培养起高度的原则性和坚定的党性。

六、永葆赤胆忠心，一辈子对党忠诚不渝

忠诚是共产党人政治品质的本质和核心，入了党，就要一辈子一心一意跟党走。“对党忠诚”“永不叛党”，入党誓词决不是喊喊口号，而是一辈子的承诺、一辈子的坚守、一辈子的信念。

“对党忠诚”不是空洞的口号、高调的表态、抽象的概念，而是具体的、实在的行动。对党忠诚作为一个政治要求，需要广大党员干部终身恪守、终身实践。党员干部必须始终把政治上忠诚融入血液、浸入骨髓，做到忠于党、忠于国家、忠于人民，为党和人民的事业不

① 《习近平在中央政治局第二十六次集体学习时强调 时时铭记事事坚持处处上心 以严和实的精神做好各项工作》,《光明日报》2015年9月13日。

懈奋斗。

忠诚贵在长久。长征开始后，由于在参加突围战斗中不幸被俘，漆鲁鱼与党组织失去联系，在获释后，虽身无分文，但他下定决心，一定要找到党组织。他一路行乞，从瑞金来到汕头，又辗转到上海，直到1936年10月才在重庆找到党组织。闽东苏区失陷，曾志从福建找到广州，后来又到上海，“尝尽了失群孤雁的辛酸苦辣”，历时20个月终于重新“投进了党的温暖怀抱”。大将许光达立下“死不退出共产党”的誓言，大革命失败后两度与党失去联系，两度重新找到党组织。这些共产党人，以坚定的意志、不懈的追求，刻写出对党的忠诚，对信仰的坚守。①

身陷囹圄，面对威逼利诱不辱气节，决不从“狗洞”爬出来，这是革命先烈叶挺对忠诚的解读；有权不谋私、有福不安享，他去世后，他的家人把他退休后开垦的价值数亿元的林场捐给国家，这是干部楷模杨善洲对忠诚的诠释。对党忠诚，是恪守党的理想和纲纪的全心践诺，不唯面对生死考验的义无反顾，且是淡泊明志的崇高心志；不唯经受血与火洗礼的钢铁意志，且是不计得失的操守品行；不唯大是大非面前的政治定力，且是敞开心扉的坦荡胸怀。因之，忠于党始终是共产党人励志前行的座右铭、大义凛然的正气歌。②

有人说，当今是众声喧哗的时代，也是价值多元的年代。“乱花渐欲迷人眼”，环境多变和多重诱惑迷眼，使有的党员和干部对党的忠诚渐次弱化而变异。现实中，信权力而忠于“靠山”，把上下级关

① 参见李斌：《信仰是我们的真正优势》，《人民日报》2016年6月28日。

② 参见马祖云：《石破不可夺其坚》，《人民日报》2016年7月5日。

系变为人身依附关系者有之；信帮派而忠于“圈子”，把同事关系变为江湖关系者有之；信私情而忠于裙带，把亲友关系变为徇私关系者有之；信金钱而忠于私利，把政商关系变为寻租关系者有之；更有甚者，“一边吃着党的饭，一边砸着党的锅”……凡此种种，这些“身在曹营心在汉”对党不忠的行为，是灵魂的出卖、价值的扭曲、品质的蜕变，其害如蛀虫在啃噬党的肌体、侵蚀党的纯洁性、先进性和战斗性。①

以投机之心对党，或对党忠诚不坚贞，迟早是要出问题的。从落马贪官的忏悔录中，经常可以看到他们痛心疾首地忏悔自己从忠于党的热血青年，一步步蜕变为背叛党的可耻之徒。每一名共产党员都曾面向党旗宣誓“永不叛党”，但总有人渐渐忘却初心，淡忘了自己立下的誓言，信仰丢失、精神迷失，与党离心离德。这警示我们，对党忠诚，必须是绝对而不是相对的，必须是一辈子而不是一阵子。

有的党员干部“为山九仞，功亏一篑”，没做到永远忠诚。有的在符合个人意愿时对组织一心一意，个人诉求得不到满足时就对组织心生怨言；有的在工作生活顺风顺水时信念坚定，一遇到困难挫折，就迷茫动摇；有的在事业处于上升通道时对组织充满信心和感激，一旦进入瓶颈期或升迁受阻时就觉得组织亏欠自己，从而走上岔路；有的一辈子小心谨慎，清廉自守，临近退休时环顾左右，心理失衡，产生了用权力最后一搏的念头，以致晚节不保。

忠诚发乎于心，但并非无从辨别。古人说：“君子尽忠，则尽其心，小人尽忠，则尽其力。尽力者，则止其身，尽心者，则洪

① 参见马祖云：《石破不可夺其坚》，《人民日报》2016年7月5日。

于远。”看一个人是真忠诚还是假忠诚，透过各种细节去观察，就能找到蛛丝马迹。有些“骑墙派”，他们常常观风望势，“哪边火大烤哪边”。正如鲁迅所说：“谁知道人世上并没有这样一道矮墙，骑着而又两脚踏地，左右稳妥，所以即使吞吞吐吐，也还是将自己的魂灵枭首通衢，挂出了原想竭力隐瞒的丑态。”事实证明，“骑墙派”没有不栽跟头的。①

今天忠诚，不等于明天忠诚；一时一事忠诚不难，时时事事忠诚不易。对党忠诚是一个严肃的政治要求，是每个党员干部终生都要面对的重大考验。战争年代，选择了入党，就意味着随时准备为党的事业牺牲生命。现在，我们所处的环境和条件发生了很大变化，尽管生与死、血与火的考验少了，但对党忠诚面临的形势仍然是复杂的、严峻的。

面临事业责任的考验，必须始终心无旁骛、恪尽职守。对党忠诚最重要的就是忠于党的事业，知责思为，履责能为，尽责善为。新形势下，党员干部肩上的担子越来越重，能力和作风方面的要求越来越高，履职尽责面临的考验越来越大。要戒懈怠、戒浮躁、戒安逸、戒虚假，始终保持蓬勃朝气、昂扬锐气和浩然正气，以对党和人民事业高度负责的精神干事创业。

面临进退得失的考验，必须始终服从大局、淡泊名利。如何对待进退得失，最见人的觉悟和境界，最能反映党员干部对党的忠诚度。现在，有的党员干部患得患失，这与共产党人的精神追求极不相符。党员干部要始终胸怀大局，把党和人民事业的成功视为个人的

---

① 参见梁帅：《忠诚，就是要“一其心”》，《解放军报》2016年6月29日。

最大成功；正确对待组织，摆正个人与组织的关系，始终铭记组织培养之恩；保持平常心态，在职务晋升、生活待遇等方面知足，在能力素质、履职尽责等方面知不足，以平常之心对待个人进退得失。

面临各种诱惑的考验，必须保持气节、严格操守。党员干部手中都掌握着一定权力，面临的诱惑和考验更多一些，如果不保持警惕，就有可能被“糖衣炮弹”击中，在各种诱惑面前打败仗、摔跟头。要守住思想道德的防线，始终坚守共产党人的精神家园；守住纪律规定的红线，做到任何情况下都稳得住心神、管得住行为、守得住清白；守住廉洁自律的底线，始终做到情趣健康、一身正气。

为政之魂，核心在于“忠诚”。对党忠诚不是一阵子的坚持，而是一辈子的坚守。共产党员的初心就是对党的忠诚，就是全心全意为人民服务的根本宗旨，就是党旗下铁骨铮铮的誓言。对党忠诚是共产党人的政治品格和基本准则，是党员干部的修身之本、为政之道、成事之要，更是新形势下党员干部心中有党、牢记宗旨、继续前行的精神动力。

行源于心，力源于志。信仰从来不是虚无缥缈的楼阁，而存在于现实的生活中；忠诚从来不是空洞的说教，而体现为具体的行动。面对鲜红的党旗，党员干部要常问问自己是否守诺如初、践诺不辍，是否不忘初衷、拼搏不止？从而激励自己像夸父逐日那样执着地追随党、赤诚地忠于党、奋不顾身地为党和人民的事业奋斗。如此，就能不断校正人生的航向，在奋斗中实现自己的人生价值。

对党忠诚一阵子不难，难在一辈子忠诚。共产党员终其一生在党言党、在党忧党、在党为党，才算实现了“为共产主义奋斗终身”的入党誓言。“人之忠也，犹鱼之有渊。”每一个党员干部都应该不忘初心，真正把政治坚定、对党忠诚铭刻在自己的灵魂中，始终坚持党的原则第一、党的事业第一、人民利益第一，把对党忠诚作为自己毕生的选择，为党和人民的事业奋斗一生。

对党忠诚一辈子，就要永远听党的话，永远跟党走。只要跟党走，一定能胜利。“跟党走”是我们的传家宝。长征途中，无论是面对残酷的战争环境，还是面对恶劣的自然条件，红军战士都坚信只要跟党走，就会有前途、有希望，就一定能胜利。正是跟着党走，红军走出雪山草地，走到革命圣地，走向一个又一个胜利。

党的方向就是自己的方向，党的意志就是自己的意志，党指向哪里就奔向哪里，党叫干啥就干啥。无论国内外形势怎么变，只要“信仰”“主义”不变，就会不变心、不动摇，走到底。无论是顺境和逆境、胜利和失败，还是赞誉和挫折，都要对党绝对信赖、绝对跟随。无论遇到多大的风浪、多大的打击或报复、委屈、诬陷，也无论是在职在岗，还是退休离休都要对党忠心耿耿、虔诚而执着。在任何时候、任何情况下，与党在政治上同向、思想上同心、行动上同步，对党始终忠诚不渝。

第三章

忠于国家

忠于国家，就是要热爱祖国，从内心深处对祖国的历史成就和文化传统高度认同，始终怀有坚定的民族自尊心、自信心和自豪感；就是坚持把爱国之情、强国之志和报国之行相统一，把个人的理想追求和国家的前途命运紧密结合，把个人的价值实现与国家的繁荣富强紧密结合，积极投身于发展中国特色社会主义的伟大实践，自觉服务于中华民族伟大复兴的宏伟大业；就是始终秉持对国家、民族的前途与命运的高度责任感和奉献精神，坚决维护国家的核心利益，维护国家统一和民族的团结，同一切危害国家利益的言行作斗争。

一、爱国主义精神是中华民族精神的核心

爱国主义是反映个人对祖国依存关系的情感诉求、道德规范、法律义务和政治原则，是千百年来固定下来的对祖国的一种最深厚的感情，一种对于国土和民族怀有的深切的依恋之情。它同为国奉献、为国尽责紧紧地联系在一起。

民族精神，是一个民族在长期的共同生活和共同的社会实践基础上形成和发展的为民族大多数成员所认同和接受的思想品格、价值取向和道德规范，是一个民族的心理特征、文化传统、思想情感等的综合反映。张岱年曾指出，在一个民族的精神发展中，总有一些思想

观念，受到人们的尊崇，成为生活行动的最高指导原则。这种在民族文化中起主导作用的思想，可以被称为民族精神。黑格尔也指出，民族精神构成了一个民族意识的其他种种形式的基础和内容，“现实的国家在它的一切特殊事务中——它的战争、制度等等中，都被这个‘民族精神’所鼓舞”[①]。

爱国主义是一种深厚的思想感情，同时也是一种强有力的民族精神。爱国主义是一个民族的魂和根，是民族凝聚力量之所在，是民族繁衍、生息、发展的命脉。在我国，爱国主义就是民族精神的核心要义，表征着中国人民对祖国最深厚、最纯洁、最高尚、最神圣的情感。

爱国主义有着深刻的个体发生原因，但在国家或民族的社会共同体中，爱国主义的情感绝不是仅仅发生于某一个体身上，这种情感是一种普遍的情感。换言之，爱国主义作为一种民族的精神，它有着普遍的、深厚的社会心理基础。人们居住在同一个地域，有着共同的祖先、种族和历史，共同的信仰、风俗习惯，共同的语言文字，共同的社会政治制度，从而使这一国家的成员产生了多方面的强烈的认同感。

正是在普遍的、深厚的心理基础之上，爱国主义作为一种民族精神产生了巨大的感召力、凝聚力，成为中华民族几千年来生生不息的精神支柱。在对内维护社会和谐发展，对外抵御侵略、保卫国家主权和领土完整上，处于其他民族精神所不能及的特殊地位，具有其他民族精神所不具备的独特属性，发挥着其他民族精神所无法替代的重要

---

① 〔德〕黑格尔：《历史哲学》，王造时译，上海书店出版社2011年版，第50页。

作用。

2015年12月30日，习近平总书记主持十八届中央政治局第二十九次集体学习时指出："爱国主义是中华民族精神的核心。爱国主义精神深深植根于中华民族心中，是中华民族的精神基因，维系着华夏大地上各个民族的团结统一，激励着一代又一代中华儿女为祖国发展繁荣而不懈奋斗。5000多年来，中华民族之所以能够经受住无数难以想象的风险和考验，始终保持旺盛生命力，生生不息，薪火相传，同中华民族有深厚持久的爱国主义传统是密不可分的。"[①]

爱国主义从总体上决定了中华民族精神的根本性质和特色，以爱国主义为核心的团结统一、爱好和平、勤劳勇敢、自强不息的伟大民族精神，是中华民族生生不息的精神支柱，是中华民族巨大的精神财富。

中华民族有着自己的民族精神。中华民族在长久的历史发展中，许多孤立分散的民族单位形成相互融合而又各具个性的多元统一体，创造出唯一从未中断过的中华民族文化文明。为什么中华民族能够在几千年的历史长河中顽强生存和不断发展呢？很重要的一个原因，是我们民族有一脉相承的精神追求、精神特质、精神脉络。在统一的多民族国家形成之前，爱国主义表现为一种朴素的形态，包括人们对原乡土地的眷恋感、对氏族部落共同体的归属感、对其他氏族部落成员的依赖感，以及爱护和守卫本氏族、本部落并愿意为其奉献一切的意识和观念。自秦朝开始，统一的多民族国家正式形成，爱国主义成为

---

① 《习近平在中共中央政治局第二十九次集体学习时强调　大力弘扬伟大爱国主义精神为实现中国梦提供精神支柱》，《光明日报》2015年12月31日。

承接千年传统、贯穿历朝历代的价值追求和思想主题。

中华民族是由多个民族经过接触、混杂、联结和融合而形成的，中华民族的文化也吸纳了许多少数民族不同气质的文化元素，儒、墨、道、法等各种思想也加速和推动了文化整合的进程。风格各异、价值多元甚至观点相悖的文化元素之所以能够构成一个有机整体，积淀出具有强大生命力的中华民族精神，离不开爱国主义在其形成过程中的特殊作用。爱国主义使各个民族成员逐步认识和理解到中华民族是一个多元统一体，中国是一个不可分割的主权国家，将人们对较小民族单位的情感和认同提升到对中华民族的整体性情感和认同，将各民族对区域土地的自发责任扩展为对国家领土的自觉意识，培养全体中华民族成员高度一致的使命感以及忠于民族和国家利益的根本价值取向。

民族交流所产生的社会意识和文化氛围，是爱国主义精神产生的土壤。在不同文化元素的交流与碰撞过程中，爱国主义以民族和国家的整体发展为价值标准，吸收有益于中华民族和中国整体性发展的优秀文化，淘汰阻碍中华民族和中国整体性发展的文化观念，并逐步形成一套完整而持久的选择和生成机制，使中华民族精神从产生开始就具有极大的包容性，与异质文化精神求同存异、优势互补，不断丰富和完善自身，保持中华民族精神绵延不衰。有了爱国主义的整合，虽然中华民族在历史进程中经历无数动荡和分裂，民族文化多次遭受打击和破坏，但最终都能在以爱国主义为核心的民族精神指引下重整旗鼓继续向前发展。

中国有源远流长的爱国主义传统。中华民族的历史之所以悠久和伟大，中华民族历经磨难而始终保持旺盛的生命力和凝聚力，中国在历史上经历动荡但始终保持统一的发展趋势，其中的原因固然是多方面的，由经济的、政治的、社会生活的，乃至地理环境等多种因素促成的；但不可否认，爱国主义作为一种精神支柱和精神财富是起了重要作用的。爱国主义成为维护民族团结、国家统一、各族人民友好相处的强大精神纽带，使中华民族有很强的整体认同感，有荣辱与共、患难与共的情怀，有无以为国、何以为家的先国后家的高尚风格。在爱国主义精神的激励下，我们的国家和民族自强不息，具有伟大的凝聚力和生命力。

近代以来，爱国主义集中表现为反抗帝国主义侵略，保卫中国的主权和领土完整，推翻封建主义和资本主义的剥削压迫。中华民族精神则相应地升华为救亡图存、抵御外侮的斗争精神，百折不挠、艰苦奋斗的革命精神。从洋务运动到百日维新，从辛亥革命到五四运动，在国家面临危亡的严峻时刻，一批又一批先进分子不畏艰难困苦，不怕流血牺牲，为了民族振兴、国家富强而前赴后继、上下求索。正是由于爱国主义精神的彰显，灾难深重的中华民族空前团结起来，汇成了波澜壮阔的救亡图存、振兴中华的时代洪流。

中国在每个历史时期都会涌现诸多为国家利益而牺牲个体利益甚至献出了个人生命的民族英雄，留下无数气吞山河、可歌可泣的爱国主义事迹。从王昌龄的“黄沙百战穿金甲，不破楼兰终不还”到陆游的“王师北定中原日，家祭无忘告乃翁”；从岳飞的“精忠报国”到文天祥的“人生自古谁无死，留取丹心照汗青”；从顾炎武的“天下兴亡，匹夫有责”到谭嗣同的“我自横刀向天笑，去留肝胆两昆仑”……无数仁人志士用自己的言行甚至生命对爱国主义进行了诠释，存续形成了源远流长的爱国主义传统。

中华民族的爱国主义是自觉的民族精神。在传统的家国情怀中，固然蕴含着亲情、乡情、国家情，但近代以来的爱国主义已经不是自发的原始的民族感情，而是已经具有民主主义和社会主义内涵的自觉的民族精神。它是自近代以来历史地形成的。鸦片战争后，帝国主义的侵略，使中国沦为半殖民地半封建社会。中华各族人民都共同遭受着山河破碎、民族危亡的长期苦难。从悲愤中奋起的中华儿女，“为了挽救这垂危的民族，他们曾顽强地抗战不歇”。在反对帝国主义及其走狗的长期斗争中，从旧民主主义革命到新民主主义革命，在新民主主义革命的各个时期，包括五四运动和北伐战争、土地革命、抗日战争、解放战争，直到新中国成立和社会主义建设，中国共产党在领导这一解放事业的斗争过程中，一直遵循着马克思列宁主义的教导：“我们正竭尽全力把祖国的劳动群众（即祖国十分之九的居民）的觉悟提高到民主主义者和社会主义者的程度”[①]，使中华民族的民族精神，从自发到自觉。爱国主义已经成为具有民主主义和社会主义觉悟的民族精神。

尤其是中国共产党带领中国人民进行革命、建设和改革过程中的艰苦奋斗精神、自我牺牲精神、大公无私精神、革命乐观主义精神等，无不体现了我们党对国家民族的历史使命和责任担当。一部中国近代、现代史，就是一部中国人民爱国主义的斗争史、创业史。作为爱国主义精神最坚定的弘扬者和实践者，中国共产党在100年革命、建设、改革过程中书写了爱国主义可歌可泣的辉煌篇章，赋予这一源远流长的民族精神更为丰富的时代内涵。

---

① 《列宁全集》第26卷，人民出版社2017年版，第109页。

爱国主义自古以来就融入中华儿女的血脉，去不掉、打不破、灭不了，犹如一条红线贯穿于中华民族发展的历史长河。作为中华民族精神的核心，爱国主义所展现出来的为家国天下无私奉献的精神境界和价值准则，始终是中华民族精神不断发展的内在力量，始终是各民族、各阶层团结一致的强大动力，激励着中华儿女为祖国发展繁荣、民族伟大复兴而不懈奋斗。

二、实现中华民族伟大复兴，需要弘扬爱国主义精神

实现中华民族伟大复兴的中国梦，是当代中国爱国主义的鲜明主题。

党的十八大以来，习近平总书记在系列重要讲话中，提出了实现中华民族伟大复兴的中国梦。2012年11月29日，习近平总书记在参观《复兴之路》展览时，第一次提出和阐述了“中国梦”，指出：“实现中华民族伟大复兴，就是中华民族近代以来最伟大的梦想。”[①]我们党提出了“两个一百年”奋斗目标，即到中国共产党成立100周年时全面建成小康社会，到新中国成立100周年时建成富强民主文明和谐的社会主义现代化国家。

中国梦一经提出，就引起了国内外的广泛关注，广大中华儿女的共同向往，已经成为中国走向未来的鲜明指引。如今，中国梦成为

① 中共中央文献研究室编：《十八大以来重要文献选编》（上），中央文献出版社2014年版，第84页。

14亿中国人民的共同梦想，这个梦想凝聚了几代中国人的夙愿，体现了中华民族和中国人民的整体利益，是每个中华儿女的共同期盼。

中国梦的核心内涵就是中华民族伟大复兴，中国梦的本质是实现国家富强、民族振兴和人民幸福。实现中华民族伟大复兴的中国梦，是历史的重托，也是新的时代最伟大的使命；是将每个人的前途命运与国家和民族的前途命运紧密连在一起，成为新时代爱国、爱党、爱社会主义的内在统一思想。

中国梦，既继承了传统，又具有创新的内容，体现了中华民族精神与中国特色社会主义的统一，为中国特色社会主义注入了新的内涵和新的能量。中国梦是爱国主义在奋斗目标上的体现，对于当代中国人的爱国情感、爱国精神和爱国力量具有凝聚和引领作用。它把各个民族、阶层和党派的人们团结和凝聚在一起，形成一股强大的爱国洪流。中国梦，是国家的梦、民族的梦，也是每个中华儿女的梦，爱国主义把每个人的梦与国家民族的梦紧密地联系在一起，凝聚成为实现梦想的强大力量。大力弘扬伟大爱国主义精神，能够为实现中华民族伟大复兴的中国梦提供精神支柱和强大精神动力。

实现中国梦，就是要推动中国的经济实力和综合国力、国际地位和国际影响大大提升；就是要实现中华民族以更加昂扬向上、文明开放的姿态屹立于世界民族之林；就是要使中国人民过上更加幸福美好、富裕安康的生活。在这场实现中国梦的伟大实践中，更需要伟大精神作为支撑。而爱国主义始终是把中华民族坚强团结在一起、推动中国人民实现中国梦的精神支柱。

中国特色社会主义建设谱写了中华民族发展史上最壮丽的篇章，今天，我们比历史上任何时期都更接近实现中华民族伟大复兴这一宏伟目标，但与此同时，面临的新情况新问题越来越多、矛盾和困难越来越多、风险和挑战越来越多，阻力和压力也会越来越大。当前，我国经济社会发展势头良好，综合国力有了很大的提高，社会总体和谐稳定，人民生活继续改善，经济增速在世界主要国家中一直名列前茅。但从人均国民生产总值来说，还处于世界的中下游。同时，改革进入深水区，经济发展进入新常态，经济下行压力加大，各种矛盾叠加，风险隐患增多，形势变化之快前所未有，改革发展稳定任务之重前所未有，矛盾风险挑战之多前所未有，对党治国理政的考验之大前所未有。

放眼世界，世界多极化、经济全球化、社会信息化、文化多样化深入发展，全球治理体系和国际秩序变革加速推进，各国相互联系和依存日益加深，国际力量对比更趋平衡，和平发展大势不可逆转。同时，世界面临的不稳定性不确定性突出，人类面临许多共同挑战。特别是中国的发展壮大必然对现有国际格局产生重大影响，国际社会期待我国在更多领域承担更多责任，但也有一些国家不愿看到社会主义中国发展壮大，千方百计对我国进行防范、阻挠和遏制。国际形势正经历复杂深刻的演变，单边主义、贸易保护主义抬头，不确定性增强，大国博弈暗流涌动，国家发展面临着来自多方面的矛盾、问题和挑战。

如何顺应和平、发展、合作的时代潮流，在识变、应变、求变中急起直追？如何更好统筹国内国际两个大局，在激烈的国际竞争中赢得优势、赢得主动、赢得未来？如何在参与全球治理中扩大话语权、规则制定权，坚定捍卫我国主权、安全、发展利益，维护世界和平、促进共同发展？如何破解前进道路上面临的各种难题？如何有效应对重大挑战、抵御重大风险、克服重大阻力、解决重大矛盾？这些都需要我们付出更加艰苦的努力，以新的作为作出回答。凡此种种，都需要以爱国主义精神来凝聚共识、振奋精神、汇聚力量。

我国是一个多民族的国家，祖国统一和民族团结是实现中国梦的基石。各族人民齐心合力，才能推动中国梦的早日实现。在几千年的历史发展进程中，各民族用勤劳和智慧在中国的土地上共同创造了璀璨的中华文明，在历史上留下了光辉的诗篇。但在新的历史条件下，国内外一些破坏民族团结的敌对势力，鼓吹“疆独”“藏独”，挑拨民族间的关系，制造各种事端，不能不引起我们高度警惕。弘扬爱国主义精神，维护祖国统一和民族团结，是实现中国梦需要着力解决的重大问题。要从国家统一、稳定和发展的战略高度认识民族团结的重大意义，像爱护自己的眼睛一样珍惜民族团结，维护全国各族人民大团结的政治局面。习近平总书记在第二次中央新疆工作座谈会上指出：“各民族要相互了解、相互尊重、相互包容、相互欣赏、相互学习、相互帮助，像石榴籽那样紧紧抱在一起。”[①]我们弘扬爱国主义精神，就是要以此增强全国各族人民实现中国梦的共识，提振全国各族人民实现中国梦的精气神，促使各民族紧紧地团结在一起。

2013年3月17日，习近平总书记在第十二届全国人民代表大会第一次会议上的讲话中指出：“实现中国梦必须弘扬中国精神。这就是以爱国主义为核心的民族精神，以改革创新为核心的时代精神。这种精神是凝心聚力的兴国之魂、强国之魂。爱国主义始终是把中华民

---

① 《习近平在第二次中央新疆工作座谈会上强调 坚持依法治疆团结稳疆长期建疆 团结各族人民建设社会主义新疆》，《人民日报》2014年5月30日。

族坚强团结在一起的精神力量，改革创新始终是鞭策我们在改革开放中与时俱进的精神力量。全国各族人民一定要弘扬伟大的民族精神和时代精神，不断增强团结一心的精神纽带、自强不息的精神动力，永远朝气蓬勃迈向未来。”①

实现中国梦必须弘扬中国精神，这就是以爱国主义为核心的民族精神和以改革创新为核心的时代精神。伟大的梦想，需要伟大的精神作支撑。没有振奋的精神、没有高尚的品格、没有坚定的志向，一个民族不可能自立于世界民族之林。实现中国梦，要求我们不仅在物质上强大起来，也要在精神上强大起来。华夏文明生生不息，中国精神薪火相传。以爱国主义为核心的民族精神和以改革创新为核心的时代精神，是凝心聚力的兴国之魂、强国之魂。爱国主义始终是把中华民族坚强团结在一起的精神力量，改革创新始终是鞭策我们在改革开放中与时俱进的精神力量。要弘扬这种伟大的民族精神和时代精神，不断振奋全民族的精气神，不断增强团结一心的精神纽带、自强不息的精神动力，永远朝气蓬勃迈向未来。

人总是需要一点精神的，一个国家和民族更是这样。没有个人的精神的有力支撑，就没有全民族精神力量的充分发挥，一个国家一个民族就不可能屹立于世界民族之林。物质贫乏不是社会主义，精神空虚也不是社会主义。实现中国梦，要求我们不仅要在物质上强大起来，也要在精神上强大起来。

以爱国主义为核心的民族精神是实现中国梦的有力支撑。中华民

---

① 中共中央文献研究室编：《十八大以来重要文献选编》（上），中央文献出版社2014年版，第235页。

族历史悠久，5000多年的发展历程和丰厚文明培育造就了以爱国主义为核心的团结统一、爱好和平、勤劳勇敢、自强不息的伟大民族精神。爱国主义始终是把中华民族坚强团结在一起的精神力量。不管是民族危亡关头的同仇敌忾，还是众志成城抵御重大灾害，凝聚在爱国主义旗帜下，个人命运与民族命运紧密相连，滴水之微才能汇聚成无坚不摧的磅礴力量。在实现中国梦的征程中，大力弘扬爱国主义精神，就能充分激发每一位中华儿女的爱国情怀和报国行动，就能最大限度凝聚共识，团结一切可以团结的力量，汇聚每个人的梦想成为伟大的中国梦，形成推动社会发展进步的强大正能量。

以改革创新为核心的时代精神是实现中国梦的强大动力。改革开放40多年来，中国精神之所以呈现出生生不息、蓬勃向上的气象，就是因为改革开放为之注入了崭新的时代元素、打上了鲜明的时代印记，熔铸成以改革创新为核心的时代精神。从农村改革的兴起，到深圳等特区的创立，从社会主义市场经济体制的发展，到中国特色社会主义多项事业的开拓，改革创新精神激荡神州，造就了历史巨变，成就了今天的中国。改革没有完成时，站在新起点上的中国，无论是冲破思想观念障碍，还是打破利益固化的藩篱，无论是破解发展难题，还是释放改革红利，都需要继续发扬改革创新精神，逢山开路、遇水搭桥，迈过沟沟坎坎、越过发展陷阱，才能赢得更加光明的前景。

鲁迅先生说：“惟有民魂是值得宝贵的，惟有他发扬起来，中国才有真进步。”爱国主义是中华民族生生不息的不竭动力，是每一个中国人成就伟大人格的根本所在。实现中华民族的伟大复兴是一项前无古人的伟大事业，需要全国各族人民共同努力。每个党员干部要在把握爱国主义科学内涵中去深刻认识个人与国家的依存关系，将个人的爱国情感融入中国梦中去，把对爱国主义精神的坚守融入自觉承担的历史使命之中，争做爱国主义精神最坚定的弘扬者和实践者。

三、忠于国家是党员干部应当遵守的道德规范

爱国是每一个公民的起码道德，也是中华民族最深沉的文化基因。历史上，每逢国家、民族遇到危难之时，总有一批又一批民族英雄奋起抗战，力挽狂澜，拯救国运。对于历朝历代的民族英雄们表现出来的爱国主义、牺牲精神、坚贞气节，后人总是引为楷模、大力赞颂、传训于后，使得中华民族得以历经劫难而万古长青，使得爱国主义精神源远流长、发扬光大。

可以说，历代仁人志士的爱国情怀都有实实在在的内容，既有不畏艰险、殚精竭虑，致力于富民安民、造福一方；又有反对民族国家的分崩离析，维护各民族的团结，捍卫祖国的统一。既有团结对外，同仇敌忾、奋起抵抗、誓死不渝，直到彻底战胜侵略者；又有勇斗愚顽、兴利除弊，推动祖国走向繁荣富强。爱国主义精神作为一种伟大的凝聚力和向心力，对实现中华民族的独立与富强，推动社会进步起了重要作用。

爱国、富国、强国、报国、救国，一直是世代称颂的传统美德，而卖国、辱国、祸国、乱国、叛国则是为世人所不齿的丑恶行为。西子湖畔庄严肃穆的岳王庙和旁边丑陋猥琐的秦桧跪像，以及充分显示了后世对历史人物进行道德评价的诗句：“青山有幸埋忠骨，白铁无

辜铸奸佞”，就是对爱国者褒扬和对卖国贼贬斥的鲜明对照。

孙中山先生说，做人最大的事情“就是要知道怎么样爱国”。一个人爱国与否，不仅在精神层面形成高尚与卑劣、伟大与渺小的分界，也往往在意义层面引致人生价值、社会贡献的分野。历史实践告诉我们，无论是赤胆忠心献身国防事业，还是全心全意为民生福祉打拼，或是鞠躬尽瘁致力于重大科技创新，在国家大事、民族大义、时代需要面前，爱国情感总能生发出强烈的责任感、旺盛的战斗力、执着的事业心，指引一个人建树卓著功勋。可以说，拳拳爱国心、殷殷报国情，构成了一个人养浩然之气、立鸿鹄之志、成不朽之业的精神源泉。[①]

拿破仑说：“人类最高的道德是什么？那就是爱国心。”爱国主义，是在历史积淀中生长起来的对自己祖国的最深厚的感情，是对生我、育我的土地山川、故园草木和祖国人民的真挚眷念，是对悠久历史和深厚文化传统的认同与自豪；爱国主义，也浸透着理性光芒，体现着对国家、民族的前途与命运的高度责任感和奉献精神。爱国主义的精神世代延续，它像长江大河源远流长、宽阔浩荡，永不止息，滋润着中华儿女的心田，激励他们阔步向前。深刻理解、培育爱国主义精神，勇于担当报国的历史责任，卫我中华、耀我祖国，是社会主义核心价值观的内在要求。走进新时代，“爱国”仍然是制约人们思想行为的一种道德规范。

我国历来注重以爱国主义为核心内容的社会主义道德体系的构建，注重弘扬和培育以爱国主义为核心的民族精神。2001年，中共中央

---

① 参见李斌：《爱国报国，建功立业》，《人民日报》2019年9月5日。

印发《公民道德建设实施纲要》，将“爱国”放在公民道德建设基本要求的首位。以“八荣八耻”为主要内容的社会主义荣辱观，第一条便是“以热爱祖国为荣，以危害祖国为耻”。这种荣辱观是爱国主义的重要内容，也是爱国情感向爱国觉悟和爱国行为升华的保障，其确立为党员干部规范行为、判断是非提供了标准。社会主义核心价值体系作为社会主义意识形态的本质体现，其中也包含了“以爱国主义为核心的民族精神”的基本内容。2012年，党的十八大提出要积极培育和践行社会主义核心价值观，在公民层面的价值准则上提出的第一个要求就是“爱国”。在“爱国、敬业、诚信、友善”之中，爱国是它的基点，也是其灵魂。

忠于国家，是对每个公民的道德要求。作为党员干部，更要模范践行“爱国”这一社会主义核心价值观。2019年开始施行的《中华人民共和国公务员法》第十四条规定，“忠于国家，维护国家的安全、荣誉和利益”是公务员应当履行的义务。2019年11月，中共中央、国务院印发的《新时代爱国主义教育实施纲要》指出：“广大党员干部要以身作则，牢记初心使命，勇于担当作为，发挥模范带头作用，做爱国主义的坚定弘扬者和实践者，同违背爱国主义的言行作坚决斗争。”

爱国主义是世界各国永恒的主题，是文明社会不变的价值追求。即使标榜最自由的美国，也不懈地宣扬爱国理念，肯尼迪总统说过一句让美国人崇尚的名言：“不要问你的国家能为你做些什么，要问你能为国家做些什么。”如今，我国新任领导干部就职也要举行宣誓仪式，面对国徽，左手持《中华人民共和国宪法》，誓词的主要内容有：“忠于中华人民共和国宪法，维护宪法权威，履行法定职责，忠于祖国、忠于人民，恪尽职守、廉洁奉公，接受人民监督，为建设富强民主文明和谐美丽的社会主义现代化强国努力奋斗！”

提倡增强爱国主义精神，增强社会责任感，可以促使公务员更加忠于人民，忠于职守。美国著名的公共行政学家H. 乔治·弗雷德里克森在《公共行政的精神》一书中指出，在行政伦理上倡导乐善好施的爱国主义，主要表现为一种“道德政治”，即将对于人民的道德责任置于公务员职业道德的核心。

忠于国家是党员干部立身的政治之本。忠于国家，就是要求党员干部忠于国家的思想路线，能坚定不移地贯彻中国特色社会主义思想不动摇；就是要求党员干部把国家、人民的利益放在首位，能做到“利于国者爱之，害于国者恶之”。作为管理国家事务、执行国家方针、服务祖国公民的责任人，党员干部必须有正确且坚定的政治站位，能忠于国家，接受党的领导。只有满足这个前提条件，才能保证党员干部能站得直、身子稳，履行职责时眼前有方向、心中有人民。

爱国主义有着鲜明的时代特征，它总是随着时代的前进和历史进步而不断丰富内容，向人民提出新的要求。“忠于国家”作为行政职业道德的核心内容，也是行政职业道德的政治要求，在新的历史条件下，它被赋予了新的内涵：爱国主义与社会主义是一个密不可分的有机体，有着共同的奋斗目标，两者都致力于探索中国伟大的复兴之路，把爱国主义同社会主义有机统一于中国特色社会主义现代化建设，是新时期忠于国家的本质要求。

爱国是本分，也是职责。忠于国家是每个党员干部的责任和义务。它体现了人们对自己国家的深厚感情，反映了个人对国家的依存关系，是人们对故土家园、民族文化的归属感、认同感、尊严感与荣誉感的统一，是个人道德要求、政治原则和法律规范。国家是小家的寄托，更是个人的寄托；国家是物质利益的寄托，更是精神家园的寄托。每个党员干部都应当自觉履行忠于国家的责任或义务。

忠于国家是实现人生价值的力量源泉。它体现了对国家的责任，这种责任是社会发展的客观要求，也是党员干部自身发展的客观需要。国家给个人的成长发展创造条件，为个人实现人生价值提供舞台、指明方向，每个党员干部只有发自内心热爱祖国、忠于国家，以饱满的热情投入中国特色社会主义事业，才能在国家建设中有所作为，实现自己的人生价值。

忠于国家，就要忠于国家利益，维护党和政府的形象、权威，维护国家统一和民族大团结，严守国家秘密，同一切危害国家利益的言行作斗争。党员干部应当积极维护国家的安全、荣誉和利益。国家利益就是人民的最大利益。党员干部对国家的忠诚，既要体现在对祖国、对民族、对人民的深厚感情上，更要体现在爱集体、爱岗位、爱本职工作的具体行动中，以实际行动维护党和政府的公信力。

忠于国家，就要忠于宪法，模范遵守法律法规，按照法定权限、程序和方式执行公务，知法守法、依法办事，维护法律尊严。宪法是国家的根本大法，遵守宪法与法律，是每个公民的基本义务，模范遵守宪法和法律的核心意义是对宪法的忠诚。广大党员干部特别是领导干部要带头牢固树立社会主义法治理念，弘扬法治精神，坚持依法行政，自觉做到办事依法、遇事找法、解决问题用法、化解矛盾靠法，不断提高运用法治思维和法治方式深化改革、推动发展、化解矛盾、维护稳定的能力。

四、坚持爱国和爱党、爱社会主义高度统一

爱国主义是个历史范畴，在不同的历史时期和不同的社会条件下，展示出不同的内容。正如毛泽东同志指出的："爱国主义的具体内容，看在什么样的历史条件之下来决定。"[①]在当代中国，爱国主义的本质特征就是爱党、爱国与爱社会主义的高度统一。

爱国主义是一种对自己祖国的深厚感情，这种感情是一个多层次、多境界的统一体，大致可分为三个层次。一是普通意义上的热爱祖国，热爱祖国的山河和历史文化的朴素情感；二是热爱祖国的社会主义制度，承认在中国走社会主义道路是社会历史发展的必然选择，是不以任何人的主观意志为转移的；三是把爱国主义与中国特色社会主义联系起来，自觉树立起为实现共产主义奋斗终身的远大理想。

爱国和爱党、爱社会主义的高度统一是历史地形成的，高度统一于中华民族伟大复兴的历史实践。具体地说，是在近代以来中华民族救亡图存、奋发图强的进程中逐步形成并确立起来的。我们党诞生在民族危亡的历史关头，一经成立就义无反顾肩负起实现中华民族伟大复兴的历史使命，团结带领中国人民前赴后继、顽强奋斗，取得新民主主义革命的胜利，建立了人民当家作主的新中国，为中华民族伟大复兴奠定了坚实基础。这一时期，"推翻帝国主义、封建主义和官僚资本主义反动统治，争取民族独立、人民解放"的共同理想和目标，

① 《毛泽东选集》第2卷，人民出版社1991年版，第520页。

把爱国主义与中国共产党领导内在地统一起来。新中国成立后，我们党领导全国人民进行社会主义改造、开展社会主义建设、推进社会主义改革，把贫穷落后的旧中国变成日益繁荣富强的新中国，中华民族伟大复兴呈现前所未有的光明前景，中华民族迎来了从站起来、富起来到强起来的伟大飞跃。在这个历史过程中，党、国家和社会主义紧密结合在一起，形成一个命运共同体，并在中国特色社会主义事业中得到集中体现。

透过中国近代史可以清楚地看出，近代以来，中华民族面临着两大历史任务：一个是求得民族独立和人民解放，一个是实现国家富强和人民富裕。在中国，只有共产党才能带领中国人民实现这两大任务。因为，中国社会经济政治状况不允许走资本主义道路，特殊的时代条件和国际环境促使中国人民选择了社会主义道路，中国革命的领导力量也决定了中国必然走社会主义道路。可见，中国没有走资本主义道路，而是选择了社会主义道路，这不是哪一个政党、哪一部分人的主观意愿所决定的，而是历史发展的必然结果。历史雄辩地证明，没有共产党就没有新中国，只有社会主义才能救中国。这是时代的必然、历史的选择。

实现中华民族伟大复兴的中国梦，是新时代中国爱国主义的鲜明主题。中国共产党是爱国主义精神最坚定的弘扬者和实践者，始终把实现中华民族伟大复兴作为自己的历史使命。百年来，我们党团结带领全国各族人民进行的革命、建设、改革实践，是爱国主义的伟大实践，写下了中华民族爱国主义精神的辉煌篇章。只有在中国共产党的领导下，不断推进中国特色社会主义伟大实践，汇聚爱国主义的硬核力量，这一伟大梦想才能得以实现。

实现中华民族伟大复兴的中国梦，必须毫不动摇地坚持中国特色社会主义制度，坚定不移地走中国特色社会主义道路。新中国成立以后，以毛泽东同志为主要代表的中国共产党人，冲破帝国主义的封锁，顶住来自各方面的压力，带领全国人民独立自主地探索适合中国国情的社会主义的道路，实现了中国历史上最广泛最深刻的社会变革，将贫穷落后的旧中国建设成了初步繁荣昌盛的社会主义国家，为当代中国一切发展进步奠定了根本政治前提和制度基础。党的十一届三中全会以后，以邓小平同志为主要代表的中国共产党人，坚持解放思想，实事求是，把马克思主义基本原理与中国国情和时代特征结合起来，作出改革开放的历史性决策，确立了社会主义初级阶段的基本路线，不断探索并找到了适合中国自己的建设道路，开创了中国特色社会主义。中国特色社会主义的创立，在于它为中国发展奠定了基础性的政治社会条件。在中国共产党的带领下，我国社会主义现代化建设取得了举世瞩目的巨大成就，中华民族大踏步赶上时代前进潮流，迎来伟大复兴的光明前景。实践证明，爱国和爱党、爱社会主义本质上是统一的，亦即统一于实现社会主义现代化、振兴中华的时代主题及伟大实践。

祖国作为一个国家的人民赖以生存和发展的“政治的、文化的和社会的环境”，从来就不是一个抽象的概念，其在内容上既包括自然地理环境、文化历史，也包括特定社会历史条件下的国家制度。在中国，中国共产党是最广大人民根本利益的代表，中国特色社会主义道路和国家制度，是党领导中国人民经过几十年奋斗、创造、积累的根本成就，也是中国人民的根本利益所在，因此，不能离开党的领导、中国特色社会主义的国家制度来抽象地谈论祖国。江泽民同志指出："爱国主义有着鲜明的时代特点，它总是随着时代的前进和历史的进步而不断丰富内容，向人民提出新的要求。我们今天讲爱国主义，就是要热爱我们伟大的社会主义祖国，在党的领导下为祖国的繁荣富强贡献自己的智慧和力量。"[①]

前些年，由于受西方敌对势力意识形态渗透的影响，有些别有用心的人否定、歪曲、攻击马克思主义，否定中国革命，否定社会主义制度和所取得的辉煌成就，大搞民族虚无主义，散布背离社会主义的奇谈怪论。为此，邓小平同志针对这些荒谬的言论深刻指出："有人说不爱社会主义不等于不爱国。难道祖国是抽象的吗？不爱共产党领导的社会主义的新中国，爱什么呢？"[②]爱国、爱共产党和爱社会主义是统一的。

当代中国的鲜明底色，就是在中国共产党领导下开辟的中国特色社会主义道路。中国特色社会主义最本质的特征就是中国共产党领导，这是党和国家各项事业的命脉和根本，是各族人民的共同愿望和幸福源泉。正因为中国人民最伟大的使命是实现中华民族伟大复兴的中国梦，爱国主义是实现中华民族伟大复兴中国梦的精神支柱，而我们党正是爱国主义精神最坚定的弘扬者和实践者；也正因为实现中国梦必须走中国特色社会主义道路，而我们党是带领中国人民走中国特色社会主义道路以实现中国梦的坚强领导力量，因此，今天不仅爱国和爱党、爱社会主义呈现出高度一致性，而且爱党、爱社会主义成了新时期爱国主义最重要的内容。这就是新时代爱国、爱党、爱社会

---

① 江泽民：《论科学技术》，中央文献出版社2001年版，第75页。

② 《邓小平文选》第2卷，人民出版社1994年版，第392页。

主义三者统一的内在逻辑。新时代弘扬爱国主义就是要弘扬爱党、爱社会主义为重点的爱国主义。

党员干部弘扬爱国主义精神，必须深刻理解把握爱国主义的本质，认识到爱国和爱党、爱社会主义具有不可分割的内在统一性。要不断加深对初心使命的感悟，深刻认识中国共产党领导是中国特色社会主义最本质的特征，是中国特色社会主义制度的最大优势，中国特色社会主义道路是实现中华民族伟大复兴的必由之路，自觉坚持党的领导和我国社会主义制度，坚决抵制一切削弱、歪曲、否定党的领导和我国社会主义制度的言行，始终做爱国、爱党、爱社会主义的忠诚实践者，以坚定的信念、真挚的情感把新时代中国特色社会主义一以贯之进行下去。

习近平总书记在2015年主持中央政治局第二十九次集体学习会议时的讲话中强调："只有坚持爱国和爱党、爱社会主义相统一，爱国主义才是鲜活的、真实的，这是当代中国爱国主义精神最重要的体现。"[①]在今天的中国，爱国，就是爱共产党领导的社会主义中国；爱国，就要拥护共产党的领导，拥护社会主义制度。爱国就要听党话、跟党走，坚决拥护党的领导，在思想上政治上行动上同党中央保持高度一致，坚决执行党的决策、完成党的任务，做党的忠诚卫士；坚决拥护中国特色社会主义制度，拼搏奋斗，无私奉献，锐意创新，积极投身中国特色社会主义伟大事业，不负时代重托，不忘使命所系，努力成为担当民族复兴大任的时代新人。

---

① 《习近平在中共中央政治局第二十九次集体学习时强调　大力弘扬伟大爱国主义精神　为实现中国梦提供精神支柱》，《光明日报》2015年12月31日。

五、忠于祖国要体现在行动上、落实到工作中

爱国情感是人们对祖国的一种直接感受和情绪体验，爱国思想是人们对祖国的理性认识，爱国行为是人们身体力行、报效祖国的实际行动，是爱国主义精神的落脚点和归宿。只有做到爱国的情感、思想和行为一致的人，才是真正的爱国者。爱国主义不仅代表了人们对自己祖国的深厚情感，更体现为现实的义务和责任。

弘扬爱国主义精神必须以实践为依归，通过扎根火热的社会生活总结升华。爱国主义精神无论是从其表现形式，还是具体内涵来说，归根结底都是从人们的火热社会生活中，在社会实践活动的基础上生发和形成的。爱国主义不是抽象的概念，需要时时牢记、处处践行。在当前，弘扬爱国主义精神，自然离不开当代中国的实践土壤，离不开广大民众的实践参与。[①]对党员干部来说，就要自觉把个人的前途命运与国家的前途命运紧密联系起来，把强烈的爱国热情、坚定的爱国信念化为实际行动。

爱国就要爱党和国家的历史。要爱党和国家的历史，就要先学习历史，重点要学习党史、新中国史、改革开放史、社会主义发展史。这“四史”内容各有侧重，但整体讲的都是中国共产党为人民谋幸福、为民族谋复兴、为世界谋大同的实践史，中国共产党领导是“四史”的主线。只有正确认识中国的历史和现实，才能增强底气、骨气，形成爱国的理性认同。如果缺乏“四史”的学习，不

① 参见张卉：《弘扬爱国主义精神的基本向度》，《光明日报》2016年1月27日。

了解近代以来中华民族所遭受的屈辱与苦难，不了解中国先进分子寻求民族独立、国家富强的探索和努力，就难以理解实现中华民族伟大复兴这个近代以来中华民族最伟大的梦想；不了解红色政权和中国特色社会主义来之不易，不了解中华民族从站起来、富起来到强起来的伟大飞跃，就难以形成对祖国强大的归属感、荣誉感。“四史”不仅记录着中国共产党的奋斗历史，而且承载着中国共产党人的伟大精神。学习“四史”，从我们党领导革命、建设、改革的实践中，可以深刻理解党何以成为中华民族的中流砥柱，深切感受党的伟大、光荣、正确，从党史中汲取智慧和力量；学习“四史”，了解新中国70余年发展的伟大历程、发生的巨大变化，准确把握我国发展所处的历史方位，清醒认识所肩负的使命任务，把握历史的大势和主流，坚定“四个自信”，进一步增强爱国情怀。

爱国就要爱我们的民族文化。中华文化源远流长，积淀着中华民族最深层次的精神追求，代表着中华民族独特的精神标识，为中华民族生生不息、发展壮大提供了丰厚滋养。世界文明古国中，唯独中华文明延续数千年而从未中断，这充分证明了中华文化有着不断革故鼎新的坚韧生命。对祖国悠久历史、灿烂文化的理解和认同，是爱国主义情感培育和发展的重要条件，也是大力弘扬爱国主义精神的内在要求。在新时代，党员干部弘扬爱国主义精神，就要深入了解中华民族5000多年源远流长的文明史，不断加深对祖国悠久历史、灿烂文化的认同，从世代积累沉淀的中华文化中汲取营养和智慧，自觉延续文化基因、萃取思想精华，继承和弘扬中华优秀传统文化、革命文化和社会主义先进文化，不断增强做中国人的骨气和底气。要坚守正道、弘扬大道，反对文化虚无主义，增强文化自信尤其是价值观自信，树立和坚持正确的历史观、民族观、国家观、文化观，不断增强中华民族的归属感、认同感、尊严感、荣誉感。

爱国需兼具海纳百川的博大胸怀。弘扬爱国主义精神，既要植根传统文化的深厚土壤，也需兼具海纳百川的博大胸怀。弘扬爱国主义精神，必须坚持立足民族又面向世界。中国的命运与世界的命运紧密相关。要把弘扬爱国主义精神与扩大对外开放结合起来，尊重各国的历史特点、文化传统，尊重各国人民选择的发展道路，善于从不同文明中寻求智慧、汲取营养，增强中华文明生机活力。我们要积极倡导求同存异、交流互鉴，促进不同国度、不同文明相互借鉴、共同进步，共同推动人类文明发展进步。“海不辞水，故能成其大；山不辞土石，故能成其高。”求同存异、交流互鉴，各美其美，美美与共，共同推动人类文明发展进步，这是走向复兴的中华民族的必然选择。

爱国就要爱自己的同胞。国家是由人民组成的，爱国必然意味着爱人民、爱自己的同胞。从这个意义上说，爱祖国和爱人民是有机统一的，爱人民是爱祖国的具体体现。在长期的历史发展中，中华大地上的各民族形成了今天的中华民族，特别是近代以来共患难、同甘苦的经历已将各族人民凝聚为一个大家庭。中华民族是一个同呼吸、共命运的共同体，在世界舞台上中国人永远是一个整体。因此，爱国要从爱自己身边的同胞做起。在我国，每当一个地方遭遇重大自然灾害，其他地方的人就以各种方式自觉救助受灾同胞。这种“一方有难，八方支援”的精神，就是爱国的最好表现。党员干部应当怀着一颗感恩之心，为人民服务，努力回报祖国、回报社会、回报人民，让人民生活得更富裕、更美好。特别是当国家发生突发事件和遭遇巨大灾害之时，一定要高度关注，挺身而出，不畏艰险，尽力保护好人民的生命财产安全。

爱国就要爱祖国的大好河山。领土是国之为国的根本，是国民生存生活的物质依托。一旦失去领土，国民便失去了生存繁衍的基本条件。爱国就要爱国家的每一寸土地，保护国家领土免受外敌入侵。自古以来，每当遭受外敌入侵，中华儿女都会奋不顾身保家卫国，面对侵略者的铁蹄与利刃，寸土不让、寸土必守、寸土必争，展现了“捐躯赴国难，视死忽如归”的爱国主义精神。爱国家的每一寸土地，保护国家领土免受外敌入侵，维护国家主权，自觉维护民族团结，勇于同各种破坏民族团结和分裂祖国的言行作斗争。热爱国土，就要珍惜、保护和科学开发利用它。我国生态环境比较脆弱，土壤污染、水污染、空气污染等较严重。我们必须继承和发扬热爱祖国大好河山的优良传统，树立绿水青山就是金山银山的理念，加强生态文明建设，严格生态环境保护，让天蓝水绿土净气清，保障我国经济社会可持续发展。

爱国就要有报国的实际行动。爱国不需要理由，但需要担当。爱国从来都是具体的、实践的，需要用热血挥就、用奋斗书写。社会主义是干出来的，新时代也是干出来的。弘扬爱国奋斗精神，重在践履、贵在力行。党员干部要自觉把个人的前途命运与国家的前途命运紧密联系起来，把个人的荣辱同祖国的兴衰、社会主义制度的前途联系起来，把对国家民族前途命运的关心落实到报效祖国的实际行动中。在和平年代，爱国情怀不必用轰轰烈烈的方式来表达，却可以从身边的小事做起，把爱国之心、报国之志转化为具体、实在的行动，在点滴的生活细节中彰显爱国情怀。

空谈误国、实干兴邦。爱国不是口号，更不是作秀。要在实干中爱国、在爱国中实干，立足本职岗位、做好本职工作，埋头苦干，恪尽职守，甘于奉献，把对祖国的热爱体现在每一滴奋斗的汗水中、每一个前进的足迹里。干好本职工作，就是爱国奉献，并且是最具体、最实际的爱国奉献。工作中要开拓进取，坚持高标准、严要求，做到冲在先、抢在先、干在先。要经常自我加压、自我鞭策，有一种工作干不好就寝不安席、食不甘味的自我超越精神，切实为人民富裕、民族昌盛、国家富强尽职尽责，坚持在本职岗位上建功立业，努力为祖国的发展进步作出自己的贡献。

第四章

忠于人民

忠于人民，这是中国共产党全心全意为人民服务根本宗旨的根本体现。忠于人民，就是要永远保持对人民的赤子之心，牢固树立权力属于人民、权力来自人民的理念，把实现好、维护好、发展好最广大人民根本利益作为一切工作的出发点和落脚点，做到权为民所用、情为民所系、利为民所谋；就是要坚持以人民为中心，牢固树立人民群众观点，尊重人民群众在认识世界和改造世界中的主体地位，坚持发展为了人民、发展依靠人民、发展成果由人民共享，为实现人民群众对美好生活的向往而不懈奋斗。

一、忠于人民，就要全心全意为人民服务

“全心全意为人民服务”是党的根本宗旨，也是共产党人的根本价值取向。忠于人民，就要全心全意为人民服务。这是由中国共产党的性质所决定的。

首先，党的宗旨与党的性质具有内在统一性。为什么人的问题，是检验一个政党、一个政权性质的试金石。《中国共产党章程》一开头就明确：“中国共产党是中国工人阶级的先锋队，同时是中国人民和中华民族的先锋队，是中国特色社会主义事业的领导核心，代表中国先进生产力的发展要求，代表中国先进文化的前进方向，代表

中国最广大人民的根本利益。”我们党来自人民，党的根基和血脉在人民。为人民而生，因人民而兴，始终同人民在一起，为人民利益而奋斗，是我们党立党兴党强党的根本出发点和落脚点。党的性质决定了党在任何时候都要把人民利益放在第一位，与人民风雨同舟、生死与共，始终保持血肉联系，不允许任何党员脱离人民群众，凌驾于群众之上。这是我们党战胜一切困难和风险的根本保证，也是我们党区别于一切剥削阶级政党的根本标志。

其次，党的发展壮大离不开对党的宗旨的坚持。我们党从成立的那一天起，就把全心全意为人民服务作为自己的根本宗旨。我们党百年来所付出的一切努力、进行的一切斗争、作出的一切牺牲，都是为了人民幸福和民族复兴。党从诞生之日起，就带着“为民”的烙印，百年初心历久弥坚。早在1944年9月，毛泽东同志就指出：“我们的共产党和共产党所领导的八路军、新四军，是革命的队伍。我们这个队伍完全是为着解放人民的，是彻底地为人民的利益工作的。”[①]1945年4月，毛泽东同志又进一步强调：“共产党人的一切言论行动，必须以合乎最广大人民群众的最大利益，为最广大人民群众所拥护为最高标准。”[②]

党的十八大报告指出：“为人民服务是党的根本宗旨，以人为本、执政为民是检验党一切执政活动的最高标准。任何时候都要把人民利益放在第一位，始终与人民心连心、同呼吸、共命运，始终依靠人民

① 《毛泽东选集》第3卷，人民出版社1991年版，第1004页。
② 《毛泽东选集》第3卷，人民出版社1991年版，第1096页。

推动历史前进。”[①]党的十九大报告进一步指出：“坚持以人民为中心。人民是历史的创造者，是决定党和国家前途命运的根本力量。必须坚持人民主体地位，坚持立党为公、执政为民，践行全心全意为人民服务的根本宗旨，把党的群众路线贯彻到治国理政全部活动之中，把人民对美好生活的向往作为奋斗目标，依靠人民创造历史伟业。”[②]回顾党百年的奋斗历程可以发现，我们党之所以能够由小变大、由弱变强，历尽艰难困苦而不断发展壮大，就在于坚定地站在最广大人民利益的立场上，始终坚持依靠人民、植根人民、服务人民，与人民群众同呼吸共命运、同甘苦共患难。

最后，党的宗旨贯穿于党的全部活动之中。党的宗旨是党的一切活动的根本目的和意图，是党的一切行动的出发点和归宿。党的宗旨贯穿于党的一切活动中，主要体现在制定和执行党的纲领、路线和方针政策上。党的十一届三中全会，我们党根据广大人民群众的根本利益和热切期盼，及时把党和国家的工作中心转移到经济建设上来，提出要“解放思想、实事求是、团结一致向前看”的总体要求，并在邓小平理论的指引下形成了社会主义初级阶段的基本路线，同时对我国的经济建设提出了“三步走”的战略部署。党的十九大同样从人民的根本利益出发，提出统筹协调推进“四个全面”战略布局，把我国建成富强民主文明和谐美丽的社会主义现代化强国，使物质文明、政治文明、精神文明、社会文明、生态文明全面提升，实现国家治理体系

---

① 中共中央文献研究室编：《十八大以来重要文献选编》(上)，中央文献出版社2014年版，第39—40页。

② 中共中央党史和文献研究院编：《十九大以来重要文献选编》(上)，中央文献出版社2019年版，第15页。

和治理能力现代化，全体人民共同富裕基本实现，人民将享有更加幸福安康的生活。由此可见，我们党不同时期的宗旨内涵无一不是人民根本利益的集中体现，受到人民群众的欢迎，得到人民群众的拥护，因而增强了党的创造力、凝聚力、战斗力，提高了党科学执政、民主执政、依法执政的水平。

回望我们党百年历史，始终围绕着一个中心——人民，始终坚持着一种行动——为人民服务。我们党百年发展壮大的历史，就是依靠人民、植根人民、服务人民的历史。只有理解了党与人民的关系，看到了中国共产党人的坚守，才能破译中国共产党的“成功密码”：为什么能够从各种政治力量中脱颖而出？为什么历经挫折还能得到人民的信任支持？为什么能不断创造一个又一个奇迹？

党章规定：“党除了工人阶级和最广大人民群众的利益，没有自己特殊的利益。”党的根基在人民、血脉在人民、力量在人民，手中的权力是人民赋予的，而共产党员本身就是人民的一分子，从群众中来，到群众中去。从毛泽东同志的“全心全意为人民服务”，到邓小平同志打动世界的经典自白“我是中国人民的儿子”，到江泽民同志反复强调的“代表中国最广大人民的根本利益”，胡锦涛同志的“权为民所用、情为民所系、利为民所谋”，再到习近平总书记的“说到底还是为人民服务这句话。我们党是为人民服务的”等，我们党始终将“为人民服务”作为立党之本、执政之基。

一位学者言，任何政党都必须行动着，如果没有行动，政党必然从政治中出局。百年来，正是因为将革命、建设、改革的宏伟蓝图转化为波澜壮阔的伟大实践，将为人民服务的纲领、路线和政策转化为人民群众的共同奋斗，党才不断从胜利走向胜利。人民是历史的创造者，群众是真正的英雄。人民群众是我们党与生俱来的根，离开了这个根，一辈子都不长叶、不开花、不结果。只有一切为了人民、一切依靠人民、忠诚于人民，共产党人才能立得住。新的历史时期，重申“人民”的重要性，继续实践“为人民服务”的理念，依然呼唤这种“行动的政治”。

党的最大政治优势就是密切联系群众，拥有最广大人民群众的真心拥护和支持；党执政后的最大危险就是脱离群众，并因此失去最广大人民群众的政治信任。党风问题、党同人民群众的关系问题，是关系党生死存亡的问题。人民的利益就是党的利益，全心全意为人民服务就是对党忠诚、对人民忠诚。

全心全意为人民服务是党的根本宗旨，“立党为公、执政为民”已经成为我们党的执政理念，这是执政党的行动自觉，也是历史的必然要求。因为，权为民所赋，权必须为民所用。党的各级干部手中的权力来自人民，而且吃的是百姓饭，穿的是百姓衣，理应为人民服务。这是一个再浅显不过的道理。心里想着人民，心中装着人民，可以说是为官者最起码的道德要求。

服务是权力的本质所在，心无百姓莫为官。在古代，爱民如子、视民如伤是为官从政最基本的政德。现代行政伦理更是强调权力的公共性和普惠性功能。对共产党人而言，“为人民服务”前加上了“全心全意”的限定词，执政为民的底色更显沉稳厚重。作为党组织肌体的一个细胞，每个党员干部都需身体力行，将“为民”牢记心中，用“全心全意为人民服务”的根本宗旨规范自己的言行，始终把人民放在心中最高位置，自觉做到以人为本、执政为民。

一是把群众满意作为第一标准。一切为了人民、一切依靠人民，是我们党一切工作的根本出发点和落脚点。群众在我们心里的分量有多重，我们在群众心中的分量就有多重，因此，每个党员干部都要心系群众，牢固树立群众意识、公仆意识、服务意识，做到权为民所用、情为民所系、利为民所谋，时刻牢记群众利益无小事的道理，时刻把群众的安危冷暖挂在心上。凡事先考虑人民群众满意不满意，拥护不拥护，答应不答应，使各项决策和工作切合客观实际，体现群众的要求，符合群众的利益。坚持用科学的态度和求实的精神为群众办事，不做伤及群众感情及利益的事，只要有利于人民群众的事，都应该积极主动地做、充满感情地做、全力以赴地做。

二是把推进发展作为“第一要务”。人民群众过得好不好，最后仍然取决于发展快不快、好不好。发展得越好越快，人民群众的生活就越富裕，得到的实惠就越多，社会就越稳定，我们党就越得民心。因此，党员干部要牢记党的宗旨，一心一意谋发展，聚精会神搞建设，团结带领人民群众创造幸福美好生活。同时，在发展中要切实处理好、维护好人民群众的利益，把发展同人民的共同利益结合起来，真正做到发展为了人民、发展依靠人民、发展成果由人民共享，让更多的人民群众得到实惠。当发展与人民利益有矛盾冲突的时候，无论是企业改革，还是征地拆迁，无论是历史问题，还是现实矛盾，都要发扬党的密切联系群众的优良作风，依法依规办事，作决策、办事情只有取得绝大多数群众的理解与支持，才能实施；反之就必须慎重考虑再研究决定。

三是把服务群众作为“第一能力”。全心全意为人民服务的根本宗旨自然也要体现在具体工作之中。因此，只有为人民服务的良好愿望不行，还必须把良好的愿望与过硬的本领结合起来，努力提高为人民服务的本领。同时做到勤政务实，以积极认真、尽职尽责的态度对待工作，干一行爱一行，钻一行精一行，真正把心思集中在“想干事”上，把本领体现在“会干事”上，把目标锁定在“干成事”上，在本职岗位上创先争优，一心一意为人民群众做事情，努力创造出无愧于时代、无愧于历史、无愧于人民的一流业绩。

二、增强公仆意识，始终保持人民公仆的本色

公仆思想古已有之。从唐代思想家柳宗元的“官为民役”到近代孙中山的“百官皆人民之公仆”，从中国古代儒家的《礼记·礼运》到意大利诗人但丁的《论世界帝国》，公仆思想到处都留下了自己的足迹。

科学意义上的公仆思想来源于法国巴黎公社的革命斗争实践，是马克思、恩格斯在总结其经验教训时提出的重要原则。1871年，马克思在《法兰西内战》一文中就把共产党员、国家工作人员称为“社会公仆”，并指出公仆应当“服务于组织在公社里的人民”[①]。恩格斯在为《法兰西内战》写的1891年版导言中，高度赞扬了巴黎公社“为了防止国家和国家机关由社会公仆变为社会主人”[②]而采取的两个正确的方法——废除等级授权制和废除官吏的高薪。这实际上从另一个侧面阐明了党员干部要做人民的公仆。

---

① 《马克思恩格斯选集》第3卷，人民出版社2012年版，第100页。
② 《马克思恩格斯选集》第3卷，人民出版社2012年版，第55页。

列宁继承了马克思、恩格斯的这些思想，并进一步强调了党要加强与人民群众的联系，指出执政党“最严重最可怕的危险之一，就是脱离群众”[①]。要求党员干部一切为人民着想，当好人民的勤务员。

毛泽东同志对党员干部要做人民公仆的思想作了更为详尽的论述。《在延安文艺座谈会上的讲话》中，毛泽东同志引用鲁迅的两句诗:“横眉冷对千夫指，俯首甘为孺子牛”，以告诫“一切共产党员，一切革命家，一切革命的文艺工作者，都应该学鲁迅的榜样，做无产阶级和人民大众的‘牛’，鞠躬尽瘁，死而后已”[②]。在《一九四五年的任务》一文中，毛泽东同志又指出：“我们一切工作干部，不论职位高低，都是人民的勤务员，我们所做的一切，都是为人民服务。”[③]

《关于新形势下党内政治生活的若干准则》也明确指出：“各级领导干部是人民公仆，没有搞特殊化的权利。”党章重申：“党的干部是党的事业的骨干，是人民的公仆。”

革命导师和党之所以一再强调党员干部要做人民的公仆，始终牢记全心全意为人民服务的根本宗旨，并非仅仅是一种良好的愿望，从党的产生和发展来看，有其内在的客观必然性。

各级党员干部能否增强公仆意识，直接关系到我们的党风和党在人民群众中的形象，关系到党的性质和前途。公仆意识来自党的性质和根本宗旨，来自辩证唯物主义和历史唯物主义的世界观及其所内含的权力观。

党员干部只有增强公仆意识，才能做到视人民为父母、拜人民

---

① 《列宁选集》第4卷，人民出版社2012年版，第626页。
② 《毛泽东选集》第3卷，人民出版社1991年版，第877页。
③ 《毛泽东文集》第3卷，人民出版社1996年版，第243页。

为师、敬人民如友；只有增强公仆意识，才能和群众打成一片，才能听到群众的心里话，才能得到群众的信任和拥护，才能实现好、发展好、维护好最广大人民群众的根本利益。

公仆意识，是党员干部对自己是人民公仆这一身份、职责和价值的清醒认识。

公仆意识是党员干部对自己身份的意识。党员干部的身份不是人民的主人，而是人民的仆人；不是官，而是仆，不能有官气。党员干部的权力，是人民给的，是为人民用的。因此，做官当老爷，对群众态度粗暴耍威风，不是好的党员干部。

公仆意识是党员干部对自己职责的意识。党员干部的职责就是为人民服务——为人民用权，为人民办事，为人民谋利。因此，不好好为群众办实事、不真心为群众谋利益的，不是称职的党员干部。

公仆意识是党员干部对自己价值的意识。党员干部就因为是人民的公仆而获得崇高的价值。让人民所盼得到实现，让人民所愿得到满足，让人民所恨得到清除，让人民活得幸福，活得有尊严，就是党员干部的价值所在。

公仆意识是党的宗旨意识的直接体现。一个党员干部，如果确立了群众观，并把群众观和权力观内化为对人民群众的高度责任感，那么公仆意识也就确立了。可以说，群众观和责任感是公仆意识的核心内容。党员干部只有真正做到在思想上尊重群众、在感情上贴近群众、在工作上深入群众、在利益上为了群众，才能赢得群众的拥护，才能称得上合格的公仆。

在共产党人的群英谱上，甘当人民公仆、埋头为民做事的楷模灿若星辰、光照千秋。老一辈革命家任弼时把自己比作一只骆驼，驮负着民族和阶级的希望，负重远行；党的好干部孔繁森常年扎根雪域高原，以苦为荣、迎难而上，被藏族同胞赞誉为“雪山上的雄鹰”；人民的好书记杨善洲志在造福百姓，退休后义务植树22年，清廉自上任时起，奉献直到最后一天，60年里的一切作为，就是为了不辜负人民的期望……无数优秀共产党员的品格和精神，为人民公仆作出了最好的注脚。

公仆意识不是虚幻的，而是实在的；不是抽象的，而是具体的。公仆意识必须见之于具体行动，没有具体行动的公仆意识是虚无缥缈的或自我标榜的。公仆意识是可以衡量检查的，通过一言一行可以衡量一个党员干部公仆意识的有无和强弱。

为人民服务，做人民公仆，这是一代又一代共产党人秉承的光荣传统，是提高党的执政能力、保持党的先进性的首要问题。公仆意识，是共产党人立党为公、执政为民的本质体现。中国共产党作为执政党，是国家和人民利益的忠实代表，党员干部无论在什么时候、什么情况下，都不能忘记这一点。

党员干部无论职务高低，都是人民的公仆。这不仅是一种称谓，更是一种责任和要求。一切属于人民，一切为了人民，一切依靠人民。做人民公仆，就要以公仆之心鞠躬尽瘁，以赤子之心执政为民，把权力看作为人民服务的责任，而不是享受；把职位看作为人民服务的岗位，而不是一种待遇。决不能口头上自称公仆，行动上却高高在上；决不能表面上大公无私，背地里却把权力私有化、商品化。

当好人民的公仆，关键是要树立“人民至上”的理念。党员干部的权力、责任和义务，归结为一句话，就是为人民服务，做人民公仆。广大党员干部尤其是领导干部的全部工作，除了为人民谋利益，没有也不应有自己的特殊利益。

当好人民的公仆，要把握好权为民所用这个核心。党员干部在各自岗位上掌握着大大小小的权力，当好人民的公仆，首先要解决好权为民所用的问题。党员干部必须懂得一个真理，一切权力都是人民赋予的。权力的性质决定权力的功能，人民的权力只能用来为人民服务。除了当好人民的公仆，权为民所用，党员干部没有其他权力。忘记了这一点，公仆就会变成“老爷”，就会导致权力扩张、权力懈怠乃至腐败滋生。

当好人民公仆，要靠具体的行动来体现。为政常怀公仆之心，关键是把公仆意识体现到立党为公、执政为民的实际行动上，落实到中国特色社会主义事业的伟大实践中。无论担负什么样的职务，都要以对党和人民高度负责的态度，不偷奸耍滑，不投机取巧，乐其业、竭其力、尽其责，努力争创一流工作成绩。任何时候都要把党和人民的利益放在首位，对党忠诚、对人民负责，恪尽职守、忘我奉献，严防特权思想，切实为人民掌好权、用好权。能够自觉接受监督，把接受监督作为一种习惯，虚心接受党和人民的监督评判，改进思想作风，严守纪律底线，提高工作成效，让群众贴得近、信得过、靠得住。

公仆之心，实质是为民之心。党员干部只有自觉地将公仆意识内化为自己的人生理想和价值追求，才能真正实现全心全意为人民服务。时刻牢记为政不移公仆之心，心甘情愿为人民“当牛做马”，勤勤恳恳当好人民的勤务员，把公仆意识渗透到执政观、利益观、权力观中，始终保持一颗公仆心、一份公仆情，努力尽公仆之责，才能永葆共产党人的蓬勃朝气、昂扬锐气、浩然正气，永不玷污“人民公仆”的崇高称谓。

三、坚持以人民为中心，发展成果由人民共享

党的十九大报告指出：“坚持以人民为中心。人民是历史的创造者，是决定党和国家前途命运的根本力量。必须坚持人民主体地位，坚持立党为公、执政为民，践行全心全意为人民服务的根本宗旨，把党的群众路线贯彻到治国理政全部活动之中，把人民对美好生活的向往作为奋斗目标，依靠人民创造历史伟业。”[①]

发展是社会的永恒主题，是社会进步的基础。“坚持以人民为中心的发展思想”的重大命题，遵循了马克思主义唯物史观基本原理，坚持了马克思主义政治经济学的根本立场，是中国共产党发展思想的继承和发展。坚持以人民为中心的发展思想，就是坚持人民主体地位，坚持人民至上，坚持发展为了人民，发展依靠人民，发展成果由人民共享。

坚持发展为了人民，就是不断实现好、维护好、发展好最广大人民的根本利益，使经济社会发展顺应人民群众对美好生活的向往，实现人民生活水平和质量普遍提高、国民素质和社会文明程度显著提高、生态环境质量总体改善。要积极回应人民群众关心的问题，感知群众冷暖，关注群众需求，反映群众心声，回应群众关切，着力解

---

① 中共中央党史和文献研究院编：《十九大以来重要文献选编》（上），中央文献出版社2019年版，第15页。

决人民群众最关心、最直接、最现实的问题。要始终站在最广大人民群众的立场上把握和处理改革发展中的各种重大关系，切实保障人民群众的经济、政治、文化权益，让人民群众得到实实在在的利益。要始终坚持把促进人的全面发展作为推动经济社会全面发展的最终目的，着眼于满足人民不断增长的物质文化生活需要，着眼于促进人民思想道德和科技文化素质的提升，着眼于自然和社会环境的改善，为人的全面发展创造良好条件。

坚持发展依靠人民，就是立足汲取人民群众的智慧和力量推动经济社会发展。要尊重劳动、尊重知识、尊重人才、尊重创造，通过体制改革和机制完善，鼓励大众创业、万众创新，激发人民群众辛勤劳动和创造创新的积极性主动性，让人民群众的聪明才智充分施展，让人民创造美好生活的力量充分迸发。要从人民群众中汲取发展的智慧，做到谋划发展思路向人民群众问计，改进发展措施向人民群众求教，及时总结概括和善于提炼人民群众的实践经验。要让人民群众评判发展成效，把人民群众满意作为衡量发展成效的根本标尺，发展政策的出台要充分考虑群众的意见，发展措施的执行和进展要及时让群众知晓，发展成效要体现在让群众有更多获得感上。

坚持发展成果由人民共享。发展为了人民，最终体现在发展成果由人民共享上。坚持发展成果由人民共享，重要体现就是促进共同富裕，维护公平正义。促进共同富裕，就要坚持和完善社会主义基本经济制度和分配制度，深化收入分配制度改革和社会保障制度改革，加大再分配调节力度，打好脱贫攻坚战，补齐短板、兜住底线，努力缩小城乡、区域、行业收入分配差距。维护公平正义，就要努力解决收入分配不公、公共资源配置不合理等有违社会公平正义的现象，保证人民平等参与、平等发展的权利，实现更高质量、更有效率、更加公平、更可持续的发展，真正让人民群众实实在在共享改革发展的丰硕成果。

以人民为中心的发展思想，回答了“为了谁发展”这一发展中的根本问题。发展以什么为中心，涉及的是发展的性质和本质问题，体现的是对待发展的根本立场、根本态度。这是决定发展思路、发展决策、发展战略、发展着力点的总开关。党坚持把实现好、维护好、发展好最广大人民根本利益作为发展的根本目的，提出了“创新、协调、绿色、开放、共享”五大发展理念。以人民为中心的发展思想，是催生五大发展理念的基础，是引领和推动我国发展全局深刻变革的核心；离开了以人民为中心的发展思想，我们就会失去或者偏离发展方向，就会在发展理念、发展思路、发展决策中出问题、走弯路。

坚持以人民为中心的发展思想，需要思想的自觉、实践的落实、制度的保障和行为的约束，需要通过不懈的努力将这个重要思想体现在“四个全面”战略布局的协调推进中，体现在经济、政治、文化、社会和生态文明建设中，体现在实现“两个一百年”奋斗目标和中华民族伟大复兴中国梦的历史进程中。对党员干部而言，贯彻以人民为中心的发展思想，很重要的是要摆正经济增长与改善民生的关系，了解老百姓所思所想。

坚持以人民为中心的发展思想，就要让人民衡量评判发展成效。人民是发展的主体，发展的成败得失必然要由人民群众来检验和评判。常言道：“人民心中有杆秤，是轻是重，一称便知；人民手中有把尺，是长是短，一量便晓。”要“使全体人民在共建共享发展中有更多获得感”，就是让人民来衡量发展水平和质量。坚持人民衡量标准，就是要把人民满意作为衡量发展成效的根本标尺，政策的出台要充分考虑群众的意见，听取群众的声音；措施的执行和进展，要积极向群众汇报，让群众知晓；发展成效要让群众有获得感、幸福感，努力使发展符合客观实际、经得起群众检验。

坚持以人民为中心的发展思想，就要大力促进共同富裕。共同富裕，是马克思主义的一个基本目标，也是自古以来我国人民的一个基本理想。按照马克思、恩格斯的构想，共产主义社会将彻底消除阶级之间、城乡之间、脑力劳动和体力劳动之间的对立和差别，实行各尽所能、按需分配，真正实现社会共享、实现每个人自由而全面的发展。实现这个目标需要一个漫长的历史过程。我国正处于并将长期处于社会主义初级阶段，我们不能做超越阶段的事情，但也不是说在逐步实现共同富裕方面就无所作为，而是要根据现有条件把能做的事情做起来，一步步落实好以人民为中心的发展思想，积小胜为大胜，不断朝着全体人民共同富裕的目标前进。缩小贫富差距，实现共同富裕，既是广大群众的殷切期盼，也是实现全面小康的现实需求。当前，要坚决打赢脱贫攻坚战，实施精准扶贫、精准脱贫，因人因地施策，提高扶贫实效，扩大贫困地区基础设施覆盖面，提高贫困地区基础教育质量和医疗服务水平，实行脱贫工作责任制。

坚持以人民为中心的发展思想，就要努力维护公平正义。公平正义是人类追求美好生活的永恒主题，是中国特色社会主义的内在要求。当前，我国还存在有违社会公平正义的现象，如收入分配不公、公共资源配置不合理等。维护社会公平正义受多种因素影响，最主要的还是推动经济社会发展水平，把“蛋糕”做大。必须坚持以经济建设为中心，加大结构性改革力度，加快转变经济发展方式，实现更高质量、更有效率、更加公平、更可持续的发展。但不论处在什么发展水平，制度都是公平正义的重要保证。这就要努力解决影响有违公平正义的制度机制问题，逐步建立以权利公平、机会公平、规则公平为主要内容的社会公平保障体系，营造公平的社会环境，保证人民平等参与、平等发展的权利。

以人民为中心的发展思想，不能停留在口头上、止步于思想环节，而要体现在经济社会发展各个环节。中国特色社会主义进入新时代，我国社会主要矛盾已经转化为人民日益增长的美好生活需要和不平衡不充分的发展之间的矛盾。要顺应人民群众对美好生活的向往，不断实现好、维护好、发展好最广大人民的根本利益。通过深化改革、创新驱动，提高经济发展质量和效益，生产出更多更好的物质产品、精神产品，不断满足人民日益增长的美好生活需要。提供各种有利条件，为各行业各方面的劳动者、企业家、创新人才、各级干部创造发挥作用的舞台和环境。坚持社会主义基本经济制度和分配制度，调整收入分配格局，完善以税收、社会保障、转移支付等为主要手段的再分配调节机制，维护社会公平正义，解决好收入差距问题，把发展成果真正惠及民生，使发展成果更多更公平惠及全体人民。

四、坚持人民利益至上，切实维护好群众利益

人民群众是社会物质财富和精神财富的创造者，人民群众对切实利益的追求、对美好生活的向往，推动着社会历史的发展和进步。人

民群众对美好生活的向往，就是我们党始终不渝的奋斗目标。除了人民的利益之外，我们党没有任何自身的私利。我们党就是要在全心全意为人民服务的过程中，切实维护和实现最广大人民的根本利益，以人民的根本利益和对美好生活的追求为归依。邓小平同志早在党的八大上就指出，共产党之所以能够领导人民群众，“正因为，而且仅仅因为，它是人民群众的全心全意的服务者，它反映人民群众的利益和意志，并且努力帮助人民群众组织起来，为自己的利益和意志而斗争”①。

我们党为什么能得到人民群众的拥护和支持，使人民群众成为党无往而不胜的力量源泉？从根本上说是因为我们党永远是人民群众利益的忠实代表。人民群众对我们党的支持程度，根本上取决于人民群众利益的实现程度。改革开放以来，我们党之所以能够赢得广大人民的衷心支持和拥护，就是因为人民群众从经济社会发展中得到了切实利益。“利民之事，丝发必兴；厉民之事，毫末必去。”利益关系是人类社会最基本的关系之一，马克思说，“人们为之奋斗的一切，都同他们的利益有关”②。中国共产党是为绝大多数人谋利益的政党，全心全意为人民服务是我们党的根本宗旨。

改革开放以来，我们党不断创新发展中国特色社会主义理论，始终坚持以人民为中心的发展思想，树立以人民利益为本的价值理念。党的十八大以来，在不断推进深化改革、实现中华民族伟大复兴的进程中，以习近平同志为核心的党中央明确“两个一百年”奋斗目标的宏伟发展蓝图，作出“四个全面”战略布局，提出五大发展理念，把

① 《邓小平文选》第1卷，人民出版社1994年版，第218页。

② 《马克思恩格斯全集》第1卷，人民出版社1995年版，第187页。

人民幸福作为发展的目的和归宿，以保障和改善民生为重点，发展各项社会事业，加大收入分配调节力度，实施精准扶贫，打赢脱贫攻坚战，保证人民平等参与、平等发展权利，所有这些就是要使改革发展成果更多更公平惠及全体人民，使人民群众有更多获得感，逐步实现带领人民创造幸福生活、实现全体人民共同富裕的目标。

始终坚持人民利益至上，是由社会主义初级阶段的主要矛盾决定的。我国社会主义制度建立后，社会的主要矛盾是人民日益增长的物质文化需要同落后的社会生产之间的矛盾。这就要求进一步解放和发展生产力，不断满足人民群众日益增长的物质文化需要。党的十八大以来，我们党坚持人民利益至上，深入把握社会主义初级阶段基本国情、社会主要矛盾、世界上最大发展中国家的国际地位“三个没有变”，坚持以经济建设为中心不动摇，坚持改革开放不动摇，进一步解放和发展生产力。党的十九大报告指出：“中国特色社会主义进入新时代，我国社会主要矛盾已经转化为人民日益增长的美好生活需要和不平衡不充分的发展之间的矛盾。”[①]我国社会主要矛盾的变化，没有改变我们对社会主义所处历史阶段的判断，我国仍处于并将长期处于社会主义初级阶段的基本国情没有变，我国是世界最大发展中国家的国际地位没有变。这就要求我们要牢牢把握社会主义初级阶段这个最大实际，坚持以经济建设为中心，在继续推动发展的基础上，着力解决好发展不平衡不充分的问题，大力提升发展的质量和效益，更好满足人民在经济、政治、文化、社会、生态等方面日益增长的

① 中共中央党史和文献研究院编：《十九大以来重要文献选编》（上），中央文献出版社2019年版，第8页。

需要，更好推动人的全面发展、社会全面进步。

坚持人民主体地位，不仅是一种政治立场、政治要求，更是一个以实现好、维护好、发展好最广大人民根本利益为具体内容的实践过程。只有人民的根本利益得到尊重和维护，人民主体地位才有真实可靠的保障，否则就会流于形式、止于空谈。人民利益，既是党的领导机关一切决策的最高标准，也是每一个党员干部行动的最高标准。

党章明确规定，中国共产党“代表中国最广大人民的根本利益”，“党除了工人阶级和最广大人民群众的利益，没有自己特殊的利益。党在任何时候都把群众利益放在第一位，同群众同甘共苦，保持最密切的联系，坚持权为民所用、情为民所系、利为民所谋，不允许任何党员脱离群众，凌驾于群众之上”。党员干部要永远把人民放在心中最高位置，把为民利民安民放在高于一切、重于一切、先于一切的位置，用实际行动和实在成效惠及于民、取信于民、忠诚于民。

实现好、维护好、发展好最广大人民的根本利益，就要尊重人民利益，充分考虑人民群众的意愿和感受。近些年来，在一些地方、一些部门，群体性事件屡屡发生，一个重要原因就是没有充分听取群众的意见和建议，没有回应好群众的合理合法诉求。我们要牢固树立以人民为中心的工作导向，从群众的现实需要出发，站在群众的角度思考问题，真诚倾听群众呼声，真实反映群众愿望，真心关心群众疾苦，依法保障人民群众的经济、政治、文化、社会等各项权益。凡是涉及群众切身利益的重大决策，都要认真进行社会稳定风险评估，充分听取群众意见和建议，充分考虑不同群众的利益和承受能力，绝不能干劳民伤财、违反群众意愿的事。

实现好、维护好、发展好最广大人民的根本利益，就要解决好人民群众的切身利益问题。关心群众、维护群众利益不是空洞的口号，必须十分具体地落实到解决群众生产和生活的实际问题上。群众利益无小事，在领导干部看来或许很小的事，具体到某个群众身上就可能是件大事。对老百姓来说，发生在他们身边的每一件琐碎小事，可能都是实实在在的大事。必须从正视和解决人民群众身边的“小事”做起。凡是涉及群众切身利益和实际困难的事情，再小也要尽全力去办。要从群众最关心、最迫切需要解决的实际问题入手，下大气力解决好群众反映强烈的突出问题，重点解决好关系人民群众切身利益的教育、就业、收入分配、社会保障、住房、医疗等问题，切实帮助群众尤其是困难群众解决实际困难，努力使人民生活得更加幸福、更有尊严。

实现好、维护好、发展好最广大人民的根本利益，就要尊重群众的意愿和需求。为群众办事，就要尊重群众的主体地位，凡事从群众的现实需要出发，保证作出的决策符合群众的意愿，做出的事情满足群众的需求，赢得群众的拥护。要尊重人民首创精神，一切为了群众，一切依靠群众，从群众中来，到群众中去；坚持问政于民、问需于民、问计于民，甘当“小学生”，在同群众接触中善开口问、善放眼察、善竖耳听，听取群众最真实的声音，汇集群众最朴实的智慧，尊重群众最原始的创造，积累干事创业的社会经验，千方百计把群众的事做细做实。为群众办实事，必须坚持走群众路线，充分地听取群众意见，集中群众的智慧，在落实过程中争取群众的帮助与支持，从而达到事半功倍之效。

实现好、维护好、发展好最广大人民的根本利益，就要妥善协调好各方面的利益关系。人民群众的整体利益是由各方面的具体利益构成的。我们所有的政策措施和工作，都应该正确反映并有利于妥善处理各种利益关系，都应该认真考虑和兼顾不同阶层、不同方面群众的利益。应当看到，最大多数人的利益是最紧要和最具决定性的因素。这就要求我们在对待利益问题上，既不能漠视眼前利益，又不能吃祖宗饭、断子孙路，不考虑人民群众的长远利益；既不能忽视每个人的具体利益，又不能因小失大、只见树木不见森林，不顾及人民群众的整体利益。要把个人利益与集体利益、局部利益与整体利益、当前利益与长远利益正确地统一起来，在整个社会生产和建设发展的基础上，不断使全体人民得到并日益增加看得见的利益，让人民群众的利益实实在在、长长久久。

五、经常深入群众当中，做群众信赖的贴心人

党最大的政治优势是密切联系群众，党执政后的最大危险是脱离群众。不脱离群众，重要的是要深入群众，时刻密切与群众的深厚感情。

密切联系群众，与群众打成一片，是共产党人与人民群众血肉相连、水乳交融的亲密关系。党的一切权力都是人民赋予的，党的各级干部无论职位高低、权力大小，都是人民的公仆，密切联系群众应该是党员干部的本分。

为什么要讲密切联系群众？因为我们党是共产党，是代表人民利益的党。我们党的根本宗旨是全心全意为人民服务。不联系群众，何谈为人民服务？党员干部来自群众，服务群众就应成为一种基本

情怀。我们讲情为民所系，本质就是要密切联系群众，把人民利益作为履职尽责的根本出发点和落脚点。

“只有我们把群众当亲人，群众才会把我们当亲人。”[①]密切联系群众是我们党最大的政治优势，也是党的优良传统和作风，是凝聚民心、团结力量、攻坚克难的重要保障，更是对党员干部的基本要求。

保持党同人民群众血肉联系是党领导中国革命、建设和改革的制胜法宝。我们党是在与人民群众密切联系和共同奋斗中诞生、发展、壮大起来的，始终保持党同人民群众的血肉联系，也是党立于不败之地的根本所在。党的事业只有得到人民群众的理解、支持、参与，才能顺利推进；党的领导地位只有赢得人民群众的信赖和拥护，才能巩固和加强。党的全部历史铸就一个铁律：密切联系群众是党的最大优势，任何时候都不能削弱和丢掉这个优势。

但是，这些道理在有的干部那里，给别人讲起来头头是道，唯独不见自己的行动。有的将群众“摆得过远”，不愿与群众做亲人，生怕群众抓“小九九”“揭伤疤”；有的将群众摆得过低，看不起群众，视群众为“土包子”，不屑于向群众学习，不情愿为群众办实事，以致出现了这样的悖论：交通发达了，干部离群众却越来越远了；通信方便了，干部联系群众却越来越少了；群众来访了，希望干部当主心骨，干部反而躲起来了……这些不良现象都会导致党员干部丧失群众基础，损害党群关系，危害不浅。

深入群众，才能贴近群众、了解群众。对群众的感情需要培养，

---

① 《胡锦涛文选》第3卷，人民出版社2016年版，第478页。

怎样培养感情？接地气很重要。接地气就是到基层去，到群众中去，把握群众的喜怒哀乐和所思所盼，把工作做到群众的心坎上，与群众的感情交流自然就会发生。培养感情还要站在群众的立场上考虑问题。“站在群众的立场上考虑问题就能够感同身受。把自己摆进去感受，就能更好了解老百姓满不满意，拥不拥护。”[①]在实际工作中，党员干部应以百姓心为心，真诚与老百姓交流，多同老百姓说掏心窝子的话，切实把对群众的感情化为听民意、解民忧、办实事的实际行动。如此，才能得到群众的信任和拥护，从而进一步增强同群众的感情。

群众的眼睛是雪亮的，干部的一举一动，甚至一个眼神，群众都会在心里默默打分。有的党员干部对基层群众缺乏感情，有意无意地瞎摆谱，表面上深入基层，实际上心里充满隔阂感。群众嘴上不说，心里像明镜一样。相反，如果把群众的事都搁在心上、解决在实干中，老百姓就会把党员干部当亲人。天下至难得者，人心也。群众在干部心里有多重，干部在群众心里就有多重。联系群众、服务群众的心思理顺了，和群众打成一片，才能成为同甘共苦的一家人。

思想感情靠思想感情融通，也靠实际行动培养，因此要时时亲民近民。亲近，有亲才有近，近了才更亲。不往来，便生疏；少交流，难沟通。常走动，常“回家”看看，到群众中拉家常、问冷暖、解忧苦；接“地气”、吸营养、聚力量。走动越多，走入越深，思想感情越深厚。

---

① 中共中央文献研究室、中央党的群众路线教育实践活动领导小组办公室编：《习近平关于党的群众路线教育实践活动论述摘编》，党建读物出版社、中央文献出版社2014年版，第36页。

密切联系群众，要破除官贵民轻的思想。党的干部无论职务高低都是人民的公务员，与群众只有分工不同而没有高低贵贱之分。有了这种认识，直接联系群众就具备了思想基础。但遗憾的是，有的党员干部公仆意识日渐淡薄，官老爷意识却日益滋长：在群众面前板着面孔、端着架子，居高临下、盛气凌人；与群众谈话不是平等交流、协商互动，而是疾言厉色、发号施令。这样的态度和做法会不自觉地在自己与群众之间筑起一道思想和感情的藩篱，使群众因心生畏惧而不敢说实话、道实情，因心怀抵触而疏远之、厌恶之。其内心深处都是"官本位"封建思想和衙门作风在作祟，其骨子里把自己当成了"老爷"，把群众当成了"仆人"。一句话，角色错位，价值观偏移，高看了自己，低看了群众。所以，党员干部只有消除"官本位"思想，摒弃衙门作风，让公仆意识和执政为民的理念在头脑中深深扎根，才不会把自己当"大人"看，才能以平等的态度、平和的心态与群众接触和交流，联系群众才能直接、有效。

党员干部不要忘了自己也是群众，要把自己当常人、凡人看，才会居官不骄、不满、不霸，处处以平民之心要求自己、看待自己。随着我国社会主义民主政治的不断发展，任何故作高深、高高在上的做派都难以让人接受。相反，越是主动放低身段与群众沟通交流，用群众的语言说话，用群众习惯的方式开展工作，就越会受到群众的欢迎，越会赢得群众的尊重。当年，朱德同志带头下田，帮助农民插秧收稻、车水抗旱；周恩来同志、张闻天同志带头参加星期六义务劳动，为军属地里除草、种菜、挑水……在群众眼里，我们党的领导人不是骑马坐轿的"大官"，而是平凡如田舍翁的自家人，自然就能话说到一起、情融到一起、心贴到一起。

密切联系群众，就要与群众“坐到同一条板凳上”。只有以平等之心对待群众，到群众家里坐得下、粗茶淡饭吃得进、家长里短聊得来、大事小事谈得拢、难题难事解得开，才能把握群众需要、做好群众工作，并和群众越走越近、越来越亲。相反，如果与群众见了面，也要摆出一副领导派头，端架子、甩脸子、耍性子，其结果只能是干群关系淡化、疏远甚至紧张。真心与群众为友，就要放下架子。

党的好干部杨善洲喜欢和群众打成一片，进了群众家，往板凳上一坐，同他们共饮一壶茶、同抽一袋烟；碰到饭点，主人加双筷子添个碗，坐下同吃一锅饭……这种亲密无间的党群干群关系，让人感觉不到一丝生疏，感觉不到一点距离。有了这种亲密无间的关系，才能从群众那里听到真话、摸到实情，在其乐融融中，与群众交心说事，在平等交流中，与群众心心相印。

密切联系群众，最难得的是走进群众心里。走进群众之中，首先意味着干部与群众心理距离的拉近，甚至是亲密无间。俗话说：“心有灵犀一点通。”人与人之间只有注重心灵的沟通，加强情感的交汇与交流，才能心心相印。党员干部只有走进群众的心中，才能真正摸清人民群众的思想脉搏，了解基层的真实情况，真正找到问题的症结所在，有的放矢地开展工作、解决问题。

俗话说：“锅不热，饼不贴。”党员干部对群众态度如何，直接决定了两者近乎不近乎、和谐不和谐。与群众进行“零距离”交流，人靠得近，心贴得紧，在平等相处之中与群众打成一片，在其乐融融之中与群众心心相印，这样必然能够得到广大群众的衷心拥护和支持。

“心贴心”是根本。群众看干部，最重要的不是看你送去多少钱，而是看你送去多少心。党员干部只有把群众放在心上，把群众当亲人，才会对群众有真情，才听得到群众的心声，真正接到“地气”。焦裕禄同志风雪天看望双目失明的“五保户”老人，当老人问他是谁时，他动情地说：“我是您的儿子。”所以，人民群众都把他当作贴心人。

善治必达情，达情必近人。只有走进群众心里，群众心里才会不再设防。要密切党群干群关系，就要像对待亲人、朋友那样对待群众，真正了解群众想什么、盼什么、怨什么，与群众打成一片，捣毁彼此之间的心墙，互相靠近、相互依赖。干群之间没有心墙，就能“人心齐，泰山移”，提振干事创业的精气神，办成大事、办成难事、办成好事。

第五章

忠于事业

忠于事业，这是每个党员干部的应尽责任和光荣使命。对事业忠诚，就是要始终保持勤政务实、为民服务、实干争先的热情和动力，忠诚于党和国家发展大局，忠诚于自己的职业岗位，忠诚于服务对象，热爱本职工作，干一行爱一行、钻一行精一行，忠于职守，忠诚履职，以求真务实的态度、敢于担当的魄力、创先争优的精神，做到在其位、谋其政、尽其力，真正把心思放在谋发展上，把精力花在干事业上，努力创造经得起实践、人民、历史检验的实绩。

一、忠于事业，是最重要的职业道德

事业指具有一定目标、规模而自成系统的、关系社会发展的经常活动。现阶段我们党的事业，就是坚持和发展中国特色社会主义，具体到当前，就是协调推进“四个全面”、实现中华民族伟大复兴。

忠于事业，就是要忠于党和人民的事业，就是要将自己的事业融入党和人民的事业中去。忠于事业，具体地说，就是要忠于自己的职业，把职业当事业来做。

把工作当事业的人，往往只问耕耘不问收获。他们将工作与自己的人生目的、人生价值、人生幸福融为一体，对所从事的行业和岗位发自内心地热爱，在工作上迸发出一种强烈的责任感和使命感。正因为笃定了事业心而不只是职业心，才能坚定执着守好每班岗、心无旁骛地干好每件事，才能从工作中寻找幸福、体味人生、感悟神圣。忠于事业，关键就在于将对职业的热爱化为对事业的坚守，在积极的、主动的、创造性的劳动中，实现职业价值，为社会作贡献。

职业和事业是不能截然分开的，职业是事业的基础，事业是职业的升华。很多人能达到忘我工作、不懈进取的境界，得益于不断打磨职业技能、锤炼职业价值、涵养职业情感。“两弹一星”功勋科学家钱三强说过，古往今来，凡成就事业，对人类有所作为的，无一不是脚踏实地、艰苦攀登的结果。知之深才能爱之切，只有品尝得了职业过程中的酸甜苦辣，才能坚定职业选择，在不断追求、不断攀登、不断超越中实现事业升华。

忠诚是最重要的职业操守。作为一个党员干部，其权力来源于人民又服务于人民。除了严格依法行政，还应遵循特殊的职业道德。职业道德是同人们的职业活动紧密联系的符合职业特点所要求的道德准则、道德情操与道德品质的总和，是指人们在从事职业活动中必须遵循的最低道德底线和行业规范。它具有“基础性”“制约性”特点，凡从业者必须做到。它既是对从业人员在职业活动中的行为要求，又是对社会所承担的道德、责任和义务。

“我是革命的一块砖，哪里需要哪里搬”，这是我国计划经济时代流行和推崇的职业精神，“爱岗敬业、诚实守信、办事公道、服务群众、奉献社会”，则是《公民道德建设实施纲要》提出的改革开放新时期职业道德的新要求。职业道德对党员干部的形象是十分重要的，所涵盖的内容也是非常丰富的。20字职业道德规范是党员干部事业心和责任感在从业过程中的具体表现。

一个人不管从事何种职业，都必须具备良好的职业操守，否则将一事无成。每种职业都有道德准则，党员干部也不例外。忠于事业是党员干部应遵循的基本职业道德。具有强烈的事业心，不仅是党员干部应具备的基本素质，也是应遵循的基本职业道德。

孙中山讲过："我们做一件事，总要始终不渝，做到成功，如果做不成功，就是把性命去牺牲亦所不惜，这便是忠。"[①]忠于事业，就是要在工作需要的时候，只问耕耘，不问收获，爱岗敬业，无私奉献，兢兢业业，埋头苦干，求真务实，踏实做事。只有真正忠诚于自己的职业，才不至于在利益诱惑面前失去职业操守。只有忠诚于自己的职业，才能真正获得尊敬、取得信任、赢得爱戴。

忠于事业才能成就事业。一位美国专家通过对几十名成功人士的研究发现，在决定事业成功的诸多因素中，一个人的知识水平、能力大小占20%，对待事业的态度占40%，而忠诚是获得成功的必备条件。因此，美国一位成功学家曾无限感慨地说："如果你是忠诚的，你就会成功！"也有人说："如果说，智慧和勤奋像金子一样珍贵的话，那么还有一种东西更为珍贵，那就是忠诚。""如果成功是一棵大树，那么忠诚便是大树的根。"

如果想真正从工作中获得快乐，就应该把工作当作是一种事业，而不是当作一种刻板、单调的苦差事。其实，在日常工作中，每一件事都值得我们去做。不要小看自己所做的每一件事，即便是最普通、最简单的事，也应该积极主动、全力以赴、尽职尽责地去完成。小任务的顺利完成，有利于你对大任务的成功把握，进而一步一个脚印地

---

① 《孙中山选集》(下)，人民出版社2011年版，第707页。

向上攀登，最后走向成功的巅峰。可以肯定的是，不能把工作当作事业的人，他的成就相当有限，因为他的散漫、马虎和不负责任的做事态度已深入他的意识与潜意识。

反观现实中的一些党员干部，有的信奉“千里来做官，只为吃和穿”，把工作岗位当成了谋利工具；有的“只求过得去、不求过得硬”，当庸官懒官混事官；有的“为了不出事，宁愿不干事”，只想当一事无成的太平官……究其根本，这些党员干部只是把工作当成了职业，甚至是“副业”，没有当成自己的事业来做。

忠于党和人民的事业。就要视个人名利淡如水，党和人民的事业重如山。入党誓词强调，为共产主义事业奋斗终身。邓小平同志在“文化大革命”结束后再度出来工作时讲：“出来工作，可以有两种态度，一个是做官，一个是做点工作。我想，谁叫你当共产党人呢，既然当了，就不能够做官，不能够有私心杂念，不能够有别的选择。”[①]邓稼先为了国防事业，离家28年，始终埋头戈壁滩，把一生最美好的年华献给了党。南仁东为了给500米口径球面射电望远镜项目选到合适的台址，每天翻山越岭，走遍了贵州上百个窝凼，只是为了“中国的天文学研究就有可能领先国际几十年”。英雄模范之所以能够以非常之品格成就非常之事业，最大的精神支撑就是家国情怀，最大的事业支撑就是许党许国的忠诚担当。

共产党人都姓党，不仅要在党言党，也要在党忧党，更要在党兴党，为党的事业服务一辈子，奋斗一辈子，奉献一辈子，自觉把

---

① 中共中央文献研究室编，冷溶、汪作岭主编：《邓小平年谱（1975—1997）》（上），中央文献出版社2004年版，第162页。

对党、对人民的感情，转化为听党指挥、服务人民的崇高追求，转化为爱岗敬业、任劳任怨的奉献精神，转化为苦干实干、勇创佳绩的实际行动。对事业忠诚，关键取决于对事业的态度。

一是把事业当作一种使命。历史、现实和未来一脉相承，事业的发展需要一代代人的接力奋进。使命感是人们对所肩负的历史使命的深刻认同，并感受到完成历史使命的意义而产生的一种自觉的主体意识。这种意识一旦形成，便会产生强大的心理动力，使一个人在实现理想的具体行动中产生强烈的责任感、事业心。使命感使人充满奋斗的激情与动力，使人保持责任心。有了使命感，才会有为了党的事业不懈奋斗的自觉性和坚定性。党的事业是所有共产党员的共同事业，需要每个党员干部努力奋斗。党员干部唯有将这种使命感根植于心，才能保持爱岗敬业、甘于奉献的情怀，将自己的赤诚之心化为源源不断的前进动力，在人生价值实现的愉悦感与成就感之中履职履责，无怨无悔地为党和人民的事业而辛勤工作。

二是把事业当作一个平台。平台对一个人的能力体现是至关重要的。一个好的平台会放大一个人的能力，而一个差的平台会制约一个人能力的发挥。社会生活是丰富多彩的，党员干部的工作岗位是千差万别的。尽管不同的岗位职责权力不一样，但都是一个可以充分施展个人才华、实现个人价值的舞台。人都有自己的梦想和追求，都想干一番事业。我们正逢一个伟大的时代，处处都有干事创业的机遇，处处都是大显身手的舞台。只要珍惜这个舞台，激发职业担当，无论职位高低，不管岗位轻重，通过自己的努力，演好自己的角色，一定能够充实自己的人生，在平凡岗位成就不平凡的事业。

三是把事业当作一生追求。这是对待事业的最高境界。大凡有大作为者都视事业为一生的追求，甚至视事业胜于生命。视事业为一生追求的人，不是为工作而工作，而是通过努力工作实现为国分忧、为民谋利的理想抱负。他们对工作始终充满热情、饱含激情，始终保持昂扬向上的精神，始终保持探索创新的动力，始终保持精益求精的品质，让工作成为割舍不下的一份牵挂，让事业成为人生风景中最绚丽多彩的部分。党员干部应当将对事业的忠诚落实在工作追求、岗位行动上，把职业当事业，把真干当本分，把实干当责任，把苦干当追求，不断提高领导能力和工作水平，在勤政为民、扎实创业中收获成就、感受快乐。

二、实现伟大的中国梦，关键要靠实干

人间万事出艰辛。实现中华民族伟大复兴，是一项光荣而艰巨的事业，需要每一个人付出艰苦努力，用实干托起中国梦。实现中国梦，必须走中国道路、弘扬中国精神、凝聚中国力量。“伟大梦想不是等得来、喊得来的，而是拼出来、干出来的。”[①] 在庆祝改革开放40周年大会上，习近平总书记深刻总结了改革开放40年来党和国家事业取得的伟大成就和宝贵经验，高度赞扬了中国人民为改革开放事业作出的杰出贡献，特别强调了拼搏、实干的重要性。

“道虽迩，不行不至；事虽小，不为不成。”实干是最质朴的

① 中共中央党史和文献研究院编：《十九大以来重要文献选编》（上），中央文献出版社2019年版，第738页。

方法论。回溯历史，从千疮百孔、一穷二白到建立独立完整的工业体系，到跻身世界第二大经济体；从“唤起工农千百万、同心干”到“空谈误国，实干兴邦”，新中国树起了一座座“干”字丰碑。社会主义现代化建设的新成就正是这样干出来的，社会主义中国就是在这样的实干中呈现出历史性新面貌。实践表明，任何伟大的事业，都始于梦想而成于实干。

奋斗才能成就伟业。我们的国家，我们的民族，从积贫积弱一步一步走到今天的发展繁荣，靠的就是一代又一代人的顽强拼搏，靠的就是中华民族自强不息的奋斗精神。当前，我国仍处于并将长期处于社会主义初级阶段的基本国情没有变，人民日益增长的美好生活需要和不平衡不充分的发展之间的矛盾这一社会主要矛盾没有变，我国是世界最大发展中国家的国际地位没有变，在前进道路上还会遇到许多难以预料的问题和困难。必须居安思危、艰苦奋斗，始终保持那么一股劲，那么一股革命热情，那么一种拼命精神，披荆斩棘、勇往直前。

实现中华民族伟大复兴的中国梦，要求全面建成小康社会，并在此基础上建设富强民主文明和谐美丽的社会主义现代化强国，实现国家富强；要使中华民族更加坚强有力地自立于世界民族之林，为人类作出新的更大的贡献，实现民族振兴；要坚持以人民为中心，增进人民福祉，促进人的全面发展，朝着共同富裕方向稳步前进，实现人民幸福。中国梦把国家的追求、民族的向往、人民的期盼融为一体，体现了中华民族和中国人民的整体利益。道路不可能一帆风顺，蓝图不可能一蹴而就，梦想不可能一夜成真，实现中华民族伟大复兴的中国梦，绝不是轻轻松松、敲锣打鼓就能实现的。需要全党不断啃硬骨头、克难关、破难题，付出更加艰巨、更加艰苦的努力，需要我们实实在在地干。

中国梦的实现，需要真抓实干、埋头苦干。真抓才能攻坚克难，实干才能梦想成真。要坚持真抓实干、埋头苦干的良好风尚，不投机取巧，不懒惰懈怠，不脱离实际，不半途而废，要老老实实、踏踏实实、实实在在地干；要以实事求是的工作态度干事，在工作开展和事业发展中以实际情况为出发点，以具体行动为落脚点。广大党员干部要密切联系群众，坚持深入基层调查研究，敏锐洞察形势，不能埋头拉车、也不能闭门造车。以实际情况为出发点不断发现问题、分析问题、解决问题，在具体工作坚持做到真抓实干。

实干靠众人，成就靠团结。中国梦作为一个大目标，由许多小目标组成；作为一项大事业，由许多小事情托起。这些小目标、小事情、具体工作，要靠广大人民群众凝聚力量，劲往一处使。中国梦能够实现，实践基础就在每个人平凡的工作岗位上。无论处于什么样的环境，无论处于什么样的人生起点，都要依靠辛勤努力。要从现在做起，从点滴做起，脚踏实地做工作，聚精会神干事业，努力创造一流业绩。人心齐，泰山移。只要全国人民都能胸怀民族复兴这个大目标，团结奋斗、各尽所能，就一定能踏平坎坷，梦想成真。

幸福不会从天而降，梦想不会自动成真。实现奋斗目标，开创美好未来，必须依靠辛勤劳动、诚实劳动、创造性劳动，必须进一步焕发劳动热情、释放创造潜能，通过劳动创造更加美好的生活。需要我们继续保持和发扬艰苦奋斗的精神，时刻牢记我国仍处于并将长期处于社会主义初级阶段的基本国情。坚持“政贵有恒”，真正做到一张好的蓝图干到底。不动摇、不折腾、不倒退，用钉钉子的精神抓好各项工作的落实，一锤接着一锤敲，一寸接着一寸进，积小胜为大胜。

共产党人最反对空谈、强调实干。如果只是纸上谈兵而不真抓实干，再宏伟的蓝图都会落空，再美好的梦想也不可能成真。我们每一个人既是梦想家又是实干家，广大党员干部，要胸怀梦想、立足当下，求真务实、尽心竭力、艰苦奋斗，从本职工作做起，从一点一滴做起，从力所能及的事情做起，一步一个脚印地实现梦想。要保持足够的清醒，力戒浮躁，防止急功近利，避免急于求成，把自己的事情做扎实，把改革发展稳定的任务落实好，一步一个脚印地朝着梦想奋进。只有实干，梦想才能变成现实，要在全社会大力弘扬真抓实干、埋头苦干的良好风尚。特别是各级党员干部要带头发扬实干精神，出实策、鼓实劲、办实事，不图虚名，不务虚功，以身作则带领群众把各项工作落到实处。

梦在前方，路在脚下。目标已经确定，任务已经明确，关键在于落实，在于每个人都进行扎扎实实的努力。处在伟大变革、实干奋进的时代，任何夸夸其谈、心浮气躁的作风都与人民的利益和期待相左，都将为人民所唾弃；任何不劳而获、奢侈浪费的行为都与时代的趋向和要求相悖，都将为时代所淘汰。党员干部积极发挥自己的聪明才智，在各自的岗位上勤奋工作、努力奉献，就是对实现中国梦的最好实践。

“艰难困苦，玉汝于成。”党员干部应当永葆对中国特色社会主义事业的绝对忠诚，树立抓铁有痕、踏石留印的求真务实作风，坚决反对形式主义、官僚主义、享乐主义和奢靡之风，力戒空谈，重在实干，以实际行动和实际效果为实现中国梦添砖加瓦；大力弘扬勇于担当、攻坚克难的精神，前赴后继、接续奋斗，以勤政、廉政、善政的卓越业绩，为实现中国梦作出应有的贡献。

三、踏踏实实地干，干实实在在的事

我们党的事业之所以能取得今天这样的成就，就是因为各个历史时期都有一大批勤政务实的干部。事业是脚踏实地、扎扎实实干出来的，是生命不息、奋斗不止打拼出来的。“天下大事必作于细，古往今来必成于实。”忠诚于党的事业，说到底就是干事创业离不开一个“实”字。

实干的要义在于一个“干”字，实实在在地干，干实实在在之事。成绩是干出来的，把嘴上说的、纸上写的、会上定的，都付之行动，一件件事情做好，一项项任务落实、一个个问题解决，才能有工作的新进展、局面的新变化、事业的新成效。只说空话，不干，或干的不是实事，干不到实处，再好的决策、措施、办法，也是“镜中花、水中月”。

“空谈误国，实干兴邦。”如果只是纸上谈兵而不真抓实干，再宏伟的蓝图都会落空，再美好的梦想也不可能成真。党员干部应当既是梦想家又是实干家，既要胸怀理想又要脚踏实地，把自己的事情做扎实，把改革发展稳定的任务落实好，一步一个脚印地朝着梦想奋进。

人间万事出艰辛。实现中华民族伟大复兴，是一项光荣而艰巨的事业，需要每一个人付出艰苦努力，用实干托起中国梦。2012年

12月，习近平总书记在广东考察工作时强调："面向未来，全面建成小康社会要靠实干，基本实现现代化要靠实干，实现中华民族伟大复兴要靠实干。"[1]

"合抱之木，生于毫末；九层之台，起于垒土；千里之行，始于足下。"成大事者需从小事做起，扫天下者需从庭院扫起。为人为官只有注重实干，将功夫花在细节上，心思花在务实创业上，才能成就一项事业，实现一个梦想，造福一方百姓。

干部干事，天经地义。作为党的干部，就要一生一世为党为人民干事，一心一意为单位、社会干事。可以说，这是当干部的一种责任，一种理念，一种追求。今天的干部是人民的公仆，受党之培养，就要为党分忧，食国之俸禄，就要为民干事。这是天经地义的事，也是每位干部必须做到的最起码的事，如果做不到这一点，那就不配称为干部。衡量一个干部的好与差，就是看他能不能办实事，能不能打开局面。

干部干事，是立身之本，创业之基；是宗旨之要，执政之源；是发展之重，民本之需，是衡量工作态度、工作方法、工作作风和工作成效的重要标志。干部的第一个字是"干"，干事是干部应尽的本分。为此，干部不想干事，就不配叫干部；干部不会干事，就不是好干部；干部不去干事，就不能当干部。

干事是一个人成长进步的前提。一个人只有通过干事，才能增长才干、增长智慧；一个干部只有多干事、干成事，才能为群众所

---

① 中共中央党史和文献研究院编：《习近平新时代中国特色社会主义思想学习论丛》第1辑，中央文献出版社2020年版，第12页。

认可，为工作所需要，才能在更宽广的舞台上展现自己。党员干部应当始终把干事当作一种崇高责任、一种价值取向、一种人生追求。

一要勇于担责想干事。“官者乃因事而设”。是不是想干事，是衡量干部愿不愿为党和人民的事业而奋斗，是检验其是否真心为人民谋利益的重要标杆。凡事想干，才会有希望；不想干，则一事无成。

新时代赋予的新使命，要求党员干部必须有强烈的担当精神，有“想干事”的自觉。“想干事”是愿望所致，是职责使然，是党员干部事业心责任感的表现。“勇担当”“想干事”的工作状态，让干事创业有激情、有动力，能够让党员干部主动投入。虽然岗位不同、分工不同，工作有难易，但是只要履职尽责，时刻做到“事不避难，义不逃责”，即使在平凡的岗位上也能创造出非凡业绩。心态决定状态，这种“想干事”的激情，能够让党员干部真心投入干事创业中，能够对党、对人民的事业高度负责，有始终保持与时俱进、开拓创新的良好精神状态。有些人对干事创业总是缺乏激情，得过且过不想干事、不愿干事，缺乏工作的主动性，在工作中怕承担风险规避干事，挑肥拣瘦因利择事，停留在被动应付状态上。党员干部就要干事，要牢固树立事业立身、靠政绩进步的思想，聚集心思“想干事”，真正把工作当事业干，热爱自己的工作，把履职尽责作为工作的基本要求，做到明责、尽责、担责，努力在本职岗位上有所作为。

二要注意方法会干事。会不会干事，是能力的体现、是干事的基础。干事一定要明确应该干哪些事、怎样干事，而不能干傻事、乱干事。

干正确的事是干成事的前提。方向正确，即使步子迈得不大，目标也会越来越近；方向错了，即使走得再快，结果只能是南辕北辙。

会干事就是要顺应规律的善干，就是要明明白白地干，就是要依靠群众的实干，就是要不断创新的巧干，把实干精神与科学态度结合起来，就是讲方法、讲效率、讲质量、讲水平，就是举重若轻、事半功倍。

善于运用典型引路的方法推动工作，善于运用分类指导的方法指导工作，善于运用突出重点的方法开展工作，善于运用注重特色的方法创新工作，善于运用完善机制的方法落实工作，通过一个个具体问题的解决，一个个具体项目的落实，一项项重点工作的突破，一个个预期目标的实现，强力推进经济社会又好又快发展。

会干事，就是要切实按照“科学执政、民主执政、依法执政”的要求，进一步转变工作方式方法，紧紧抓住利益这个根本、法律这个准绳、服务这个途径，综合运用法律、教育、经济、行政等手段，集中精力抓大事，注意解决工作中的重点难点问题和群众关心的热点问题，着力解决涉及全局的突出问题。

有的人付出的辛苦并不比别人少，但工作成效却总没别人好，究其原因，问题往往就出在方法技巧上。干事掌握科学的方法，既要脚踏实地、埋头苦干，又要善于总结经验，创新思路。只有这样，才能取得事半功倍的成效。

三要不做虚功真干事。所谓真干事，就是不弄虚作假、不欺上瞒下，不做表面文章、不搞形式主义，真正诚心诚意、尽力尽责、一干到底。

古人云：“为政贵在行，以实则治，以文则不治。”为政之道最可贵的是行其政，以实事求是、扎扎实实的态度与方式执行政令，则可以达到有效治理的目的。如果以文饰、浮夸的方式做表面文章，则必然事与愿违。

真干事就是用真实行动去创造真实的业绩、政绩和成绩。党员干部要真正把心思花在工作上；要始终保持一种积极进取、昂扬向上的精神状态，一种励精图治、迎难而上的工作干劲，一种干不好工作就食不甘味、寝不安席的敬业精神；要坚决克服满足于发文件、听汇报、作指示，使党的决策部署停留在文件中、会议上、总结里的飘浮作风，将工作落到实处、任务执行到位，做到踏石留印、抓铁留痕，不达目标不收兵，不达效果不罢休。

坚持一切从实际出发，察实情、讲实话，办实事、求实效，扎扎实实把各项工作不断推向前进。注重在实干中体现能力、显现实力、凸显潜力，从思想深处想着做事，真抓实干，把所有的心思和精力都集中到干事创业上来，体现到推动发展上来。

四要凝聚合力同干事。一人难挑千斤担，众人拾柴火焰高。党员干部要大力弘扬团结协作的精神，努力做到合心谋事、合作共事、合力干事。党员干部特别是领导干部要从大局出发，以事业为重，大力弘扬团结协作精神，加强上下之间、左右之间的沟通与协作，做到同登一个“台”，共演一台“戏”，不跳“独舞”，努力做到同心谋事、和谐共事、协力干事，增强整体干事能力，合力推进事业发展。党员干部之间要多支持、不拆台，增强协调性；多担责、不争功，增强自律性；多体谅、不计较，增强相容性。切实做到上下一条心、拧成一股绳，合心合力合拍，能干苦干同心干。要着力构建人人争当先进、人人想干成事的争先创优机制，团结协作共谋发展。

党和人民的事业，等不来，盼不来，而是要靠党员干部带头干起，率领群众同甘共苦干成事。群众评价一名干部，往往是不看“唱功”看“做功”。因此，党员干部要大兴实干之风，带头发扬实干精神，以实干为荣，以实干为责，出实策、鼓实劲、办实事，不图虚名、不务虚功，带头苦干、实干、巧干、创造性地干，以身作则带领群众把各项工作落到实处。

四、爱岗敬业忠于职守，兢兢业业干工作

敬业是一个道德的范畴，是一个人对自己所从事的工作负责的态度，就是勤勤恳恳、兢兢业业，忠于职守、尽职尽责。

中华民族历来有“敬业乐群”“忠于职守”的传统。《尚书·周官》云：“功崇惟志，业广惟勤。”意思是取得伟大的功业，是因有伟大的志向；完成伟大的功业，在于辛勤不懈地工作。孔子主张人在一生中始终要勤奋、刻苦，为事业尽心尽力。他说过“执事敬”“事思敬”“修己以敬”。朱熹解释敬业为“专心致志，以事其业”。

敬业体现为“畏而不敢怠慢”，将“凡做一件事，便忠于一件事，将全副精力集中到这事上头，一点不旁骛”[①]的精气神体现在自己所从事的职业和事业中。我国近代思想家梁启超说：“所以敬业主义，于人生最为必要，又于人生最为有利。”[②]达·芬奇说：“勤劳一日，可得一夜安眠；勤劳一生，可得幸福长眠。”

① 梁启超：《敬业与乐业》，《梁启超谈修身》，百花洲文艺出版社 2019年版，第170页。
② 梁启超：《敬业与乐业》，《梁启超谈修身》，百花洲文艺出版社 2019年版，第171页。

敬业不仅是中华传统美德的重要内容，也为各个民族所珍视；不仅是社会和谐稳定的精神支撑，也是国家发展进步的强大动力。敬业是一个很古老的话题，随时代的变迁人们不断给它赋予新的内涵。虽然中西方文化差异较大，但对从业人员的要求都是相同的。敬业精神是推动人类社会进步的重要精神财富，也是社会对从业人员的最基本的职业道德要求。无论时代发生怎样的变化，社会发展永远需要敬业精神，敬业精神永远熠熠生辉。

对个体而言，敬业不仅仅是一种工作伦理和职业情感，还是“成为更好的自己”的态度和方式。宋代程颢所谓“以诚敬存之”、程颐所谓“涵养须用敬”，就是主张通过对“业”的不欺慢、不懈怠，成就自我、涵养品行。在现实生活中也可以体会到：当我们以虔诚恭敬的态度对待工作、对待事业时，就能够在精益求精中体验到内心的充实和精神的愉悦。这样来看，敬业不是约束人的“规矩”，而是激励人的理念，需要每个劳动者、每个行业以至全社会共同遵守。

勤政敬业，是为官之道的基本要求，也是古代统治者大力推行的官吏的基本道德规范。勤政就是“专心致志，朝夕以思职事”“毫不可经意”；就是随时处理职事，使“政有条理，事无留滞”。敬业，表现为对工作一丝不苟，与工作身心一体。党员干部忠于事业，就应发扬敬业精神。

党员干部要有所作为，就要坚持事业为重。事业是人生永恒的主题。一个人把事业摆在什么位置，决定着他为追求事业付出多大努力。视事业第一者，就会为成就事业而殚精竭虑、鞠躬尽瘁。事业是一个人奉献社会的舞台，也是成就自我的平台。拼搏进取是积极向上的人生态度，也是一个党员干部成就事业的基础。

党员干部忠于事业，就要体现在爱岗敬业、热爱本职工作上。

敬业是爱岗的升华，敬业首先要爱岗。爱岗就是热爱自己的工作岗位，以正确的态度对待自己所从事的工作，努力培养热爱自己所从事的工作的幸福感、荣誉感。一个人，一旦爱上了自己的工作，就会全身心地投入工作中去。

对工作是否热爱，是一个人对工作的兴趣问题。有兴趣就容易产生爱的感情，没有兴趣就谈不上爱。但每一个岗位都要有人去干，缺一不可。这就要求不论你对从事的工作是否感兴趣，都要从整个社会需要的角度出发，培养兴趣，热爱这一工作，这是基本觉悟的一种表现。作为党员干部，更应热爱自己的工作，以高标准要求自己。这个高标准，体现在想问题、办事情、作决策等各个方面，更体现在自己的工作岗位上，干一行爱一行、钻一行精一行，饱含感情去工作，把所从事的工作做到一定高度、一种境界。

敬业，就是要以极端负责的态度对待自己的工作，用一种严肃的态度对待自己的工作，对自己所从事的职业充满热爱、珍惜和敬重，不惜忘我地为之付出和奉献。敬业精神强，体现了一种事业追求和思想境界，体现了一种勤恳态度和精神风貌，更体现了一种可贵的事业心和责任感。具有敬业精神的人，所关注的往往不是自己的事业成功后能得到多少报酬，而是这一成功对社会对人民的意义。敬业精神也是奉献精神、为人民服务的精神。

因此，党员干部应当具备敬业精神，把倡导并身体力行实践敬业精神作为自己的思想修养的重要内容，坚持勤政廉政，时刻牢记肩上的重任，以求实为本，以落实为责，自觉地在本职工作岗位上勤奋工作，兢兢业业地创造一流的工作业绩。

爱岗敬业，才能在工作中找到乐趣。热爱来自与生俱来的兴趣和爱好，更来自事业心和责任心的驱动。热爱自己的工作，才能激发干事创业的热情，提高工作的质量和效率，从日久重复中找到乐趣，哪怕“为伊消得人憔悴”，也是“衣带渐宽终不悔”。工作是一个人生存发展的基石。的确，一个人对工作的态度，决定了他一生的高度。

爱岗敬业，需要保持高昂的工作激情。每一个看似平凡的工作岗位，都在为社会创造价值。牢记自身职责、点燃工作激情，充分发挥能动性和创造力，我们才能不辱使命、不负重托，创造更丰厚的价值，成就更有意义的人生。同样是工作，同样在干事，但从一言一行、一点一滴中，不难窥见个体之间的差异。有的人志存高远、激情四溢，善于自我加压、主动作为，眼中处处有事，不用点火即能自燃，无须微风也会盛开；有的人相对被动，但只要被激起热情，也能顺势而为、发光发热。深爱自己的岗位和工作，就会产生强劲的动力，即使夜以继日也不觉疲倦，即使困难重重也矢志不渝。

爱岗敬业，需要努力提高业务能力。作为一个党员干部，就必须具有很强的工作能力，胜任本职工作，成为本职工作的行家里手。平时要注意学习业务知识，拓展知识面，提高业务能力，边工作边学习，在工作中提高，在学习中提高，努力做到“四个清楚”：一是对党和国家的有关方针、政策和要求要清楚；二是对所从事行业的基本情况要清楚；三是对工作存在的问题要清楚；四是对工作今后应该抓什么、怎么抓的措施要清楚。做任何事情都要高标准严要求，不能马马虎虎，更不能出纰漏。

爱岗敬业，需要努力提高工作效率。工作要力争当日事当日毕，确保做到日清日结。今日不清，必然积累，积累就会拖延，拖延就会麻木。明朝才子文徵明之子文嘉写过一首《今日歌》：“今日复今日，今日何其少！今日又不为，此事何时了？”党员干部要强化时间观念、质量意识、效率理念，在工作中善于分清主次、抓住重点，对决定要做的事，说干就干、马上就干、干就干好。

爱岗敬业，需要有勤政不息的恒心。“靡不有初，鲜克有终。”自古以来，在为官做人上，敬终如始、善作善成的都是党和人民群众赞颂的好干部。干事兴业，要像滴水穿石、蜜蜂筑巢一样，锲而不舍、持之以恒。功到自然成，要想成就事业，必须具备持之以恒的品质、百折不挠的意志。荀子曰：“不积跬步，无以至千里；不积小流，无以成江海。”干事兴业，应有全局意识，应有长远目光。而任何一项宏大的事业、任何一个远大的目标，都不可能一蹴而就，而是需要千千万万人共同参与、传承接力，这就需要耐得住寂寞，沉得下心来。

五、认真是态度也是方法，认真才能做成事

认真，就是不马虎、不苟且，以严肃的态度或心情对待事情。

认真，是做好任何事情的前提。即使再小的事情，也要认真对待，不可粗心大意。失之毫厘，谬以千里。行政管理工作上的一些小细节看起来只是旁枝末节，实际上也关系全局的发展，稍有疏忽，很可能闹出笑话，甚至酿成严重后果。

毛泽东同志指出：“世界上怕就怕‘认真’二字，共产党就最讲

‘认真’。”[①]“认真”是做人处事的应有态度，更是一种责任意识和思想境界。

对我们共产党人来说，讲“认真”不仅是态度问题，而且是关系世界观和方法论的大问题，是关系党的性质和宗旨的大问题，是关系党和人民事业发展全局的大问题。这股“认真”劲应该体现在干事创业的方方面面，也应体现在党内生活的方方面面。

做事认真的人，往往会更注重过程、注重细节，尽力追求一流、追求完美。因为他们懂得，稍有疏忽、稍不用心，就可能给工作带来妨害，把事情办砸，甚至可能让人们的身心受到伤害。

一位航天界的老科学家曾谈到一件事。一次，我国自行研制的一种新型火箭即将运往发射基地。按照惯例，出厂前要完成装配与测试工作。由于时间紧迫，车间师傅请示：“有4个陀螺是同一批次生产的，第一个能装上，其他3个应该没问题，是不是可以不装了？”这位老科学家同意了。结果，在发射现场装配时，却发生意外“卡壳”：有一个陀螺怎么也装不上。后来，报告钱学森后，钱学森要大家仔细加工研磨后再试装。结果，从下午1点一直干到第二天凌晨4点。钱学森全程守在现场，直到问题彻底解决后他才离开。这件事告诉我们：事贵认真。只有老老实实、全心尽责，事故才可避免，成功才可把握。否则，必然是事故堵不住，成功难见影。

现实生活中，一些人“认真”的作风不足。比如，有的办事三分钟热度，没有耐性，见异思迁，急功近利，有始无终；有的

---

① 中共中央文献研究室编，逄先知、金冲及主编：《毛泽东传（1949—1976）》（上），中央文献出版社2003年版，第759页。

搞调研蜻蜓点水，抓工作浮光掠影，满足于一般号召和逐级传达；有的抓工作不深入细致，方法简单粗放，习惯于用“大概”“也许是”“好像”“差不多”等模棱两可的词语回答问题；有的责任心不强，马马虎虎、敷衍了事，只求过得去，不求过得硬；有的我行我素，有法不依、有章不循、有诺不践……这些行为都背离了“认真”，背离了党的作风要求。有的人虽然业务素质高、解决问题的能力很强，却三心二意、毛手毛脚，容易“大意失荆州”。这也警示我们：工作马虎不得，工作应付不得，工作空洞不得！

事贵认真。认真做事才有力量，认真是打开成功大门的钥匙。干部要敬业，就要认真对待每一件事情。

一是严谨细致，一丝不苟。做事一丝不苟，意味着对待小事和对待大事一样谨慎。生命中的许多小事都蕴含着深刻的道理，那种认为小事可以忽略、置之不理的想法，正是人们做事不能善始善终的根源。

细节决定成败。有时候工作中犯个小错误、出个小纰漏，自己还没当回事，只觉得是个小事，严格来说是错误的。“勿以恶小而为之，勿以善小而不为”“千里之堤，毁于蚁穴”“集腋成裘”“积沙成塔”，都说明了这个道理，小的失误能够毁掉一个人，小的进步日积月累能够成就一个人。

做事一丝不苟，要克服马虎轻率的毛病。马虎轻率的毛病是工作的大忌。稍微的马虎轻率，可能导致灾难、酿成大祸。正如明代学者胡居仁所说：“心粗最害事，心粗者，敬未至也。”他认为只有心细者、心敬者才能成事。因此，要诚心诚意、一丝不苟地对待工作。

认真，就是要细致，要从细小之事做起，以细密之心处事。要有求真务实的工作作风，一步一个脚印地做工作，一个环节一个环节地抓落实；要从大处着想，从小处做起，善于关注每一个细节，把小事做细、做实、做精。

二是保持耐心，不怕麻烦。事情总是烦琐的。有的事情，看似简简单单，却需要层层把关。面对这种情况，思想决不可有厌倦情绪，更不可“跟着感觉走”，让“经验”蒙住自己的双眼，认为“第一次是这么做的”“第一次行，第二、第三次也行”，于是，卸除思想武装，减少工作程序，导致不该发生的事故发生。在工作中不厌其烦，不怕麻烦，才是真正的认真。

只有认真地做好当下的每一件事，才能积小胜为大胜，才会由量变转化为质变。若无每日闻鸡起舞坚持不懈的毅力，祖逖又怎能北伐中原而名垂汗青？若无长年笔走龙蛇、墨染池水的功夫，王羲之又怎能书法超群而被尊为“书圣”？若无半生钻研反复演算草稿盈筐的坚持，陈景润又怎能摘取数学明珠而享誉世界？

“一勤天下无难事”。只有通过勤奋工作，才能铸就生命的辉煌。等待和抱怨只能一事无成，消极和懈怠只会蹉跎岁月。正如谚语所说：勤劳的手能把石头变成金子，不劳动的手能把金子变成石头。

三是精益求精，力求更好。工作的标准要定得高一些，要有“精益求精”的追求目标。成功的人生源于对“精”的追求，一个人有了对自己更高的要求，就一定会出成果、出精品，脱颖而出。

每天比规定的做好一点点。很多时候，我们对自己的要求较低。标准一旦低了，马虎的现象就会出现。要让工作更加有特色，需要我们每天精益求精。

认真对待工作中的每一个环节、每一个步骤，工作才能更加出色。成功没有捷径，只要比别人多做一点，工作认真一点，用心诚恳一点，成功就会离我们更近一点。

一个人成功与否，在于他是不是做什么都力求做得最好。成功者无论从事什么工作，都绝对不会轻率疏忽。因此，在工作中应该以最高的规格要求自己。能做得最好，就必须做得最好，能完成百分之百，就绝不只做百分之九十九。只要把工作做得更完美、更精准、更专注，就能实现心中的愿望，达到成功的目标。

六、以滴水穿石的韧劲，锲而不舍抓落实

抓落实是做好工作的关键环节，再好的思想，再振奋人心的目标，离开落实都只能是空谈。只作决策不抓落实，决策就失去了意义，再美好的蓝图也只是纸上谈兵。对于各级党员干部来说，抓落实是一种基本素质，一种必备的作风，一种能力的检验。

然而，现实中仍有党员干部抓落实态度不端正、措施不得力、作风不过硬，致使上级的决策部署得不到有效贯彻执行，影响了工作和事业的发展。其中，最为典型的是习惯于简单地“以会议落实会议”“以文件落实文件”，开了会，发了文件就以为已经落实了，就完事大吉了。为此，习近平同志在中央党校2011年春季学期开学典礼上的讲话中引用了一副对联，上联是“你开会我开会大家都开会”，下联是“你发文我发文大家都发文”，横批是“谁来落实”，对“文山会海”这种行为进行了严肃批评。贯彻落实离不开会议与文件，但只落实会议与文件不等于贯彻落实。

显然，以这样的态度、这样的措施、这样的作风不可能抓好落实、做好工作。

反对空谈、强调实干、注重落实，是党的一个优良传统。对于抓落实的极端重要性，党和党的主要领导人先后都有过很多精辟的阐述。毛泽东同志要求共产党员一定要有“认真实干”的精神，强调“一件事不做则已，做则必做到底，做到最后胜利”[①]，“什么东西只有抓得很紧，毫不放松，才能抓住。抓而不紧，等于不抓”[②]。邓小平同志倡导“少说空话、多干实事”，凡事都“要落在实处”，“开会、讲话都要解决问题”。习近平总书记强调：“要抓实、再抓实，不抓实，再好的蓝图只能是一纸空文，再近的目标只能是镜花水月。”[③]

党的十九大报告把“增强狠抓落实本领”列为八大执政本领之一，并提出明确要求。“一分部署，九分落实”，强调的是科学的决策确定后，需要花更多的心思、投入更大的精力来抓落实；强调的是好的思路、好的政策、好的措施要达到预期效果，必须在狠抓落实上下功夫。

以务实的作风抓落实。作风务实，工作落实。狠抓工作落实，必须有良好的作风作保证。没有过硬的工作作风，抓落实就会流于形式，到头来还是一句空话。抓落实必须扑下身子真抓实干。

抓落实需要接“地气”。各项政策措施落实了没有，落实得好不好，基层群众最有实际感受。深入实际、深入基层，把党的政策、

---

① 中共中央文献研究室编，逄先知、金冲及主编：《毛泽东传（1949—1976）》（上），中央文献出版社2003年版，第190页。

② 《毛泽东选集》第4卷，人民出版社1991年版，第1442页。

③ 中共中央宣传部编：《习近平总书记系列重要讲话读本》，学习出版社、人民出版社2016年版，第293页。

决定变成人民群众的自觉行动，这是落实工作的一个重要方面。

抓落实的重心要放在基层一线，思路和办法要到基层和群众中去寻找。党员干部要眼睛向下看、身子往下沉，深入基层、深入群众开展调查研究，及时了解在上面难以听到、不易看到和意想不到的新情况新问题，掌握第一手资料，查找问题根源，向群众问计问策，把领导意志和群众意愿相统一，这样，落实工作才能顺应民意、合乎民情，落实起来才有群众基础，才能顺利实施。

要真抓实干不怕苦。抓落实是一项“苦差”，要发扬“一不怕苦、二不怕难”的拼搏精神，自觉培养以苦为荣、以苦为乐的思想，才能下基层不怕艰苦，抓工作敢于吃苦，求实效认真刻苦，以此换得工作的落实。

要从具体事情抓起，就是要把原则要求变成可操作的具体措施，把目标任务变成实实在在的工作项目。每项措施、每个项目都要有方案、有要求、有载体，明确责任主体、明确时间进度，一项一项地分解，一件一件地落实，决不能大而化之。在工作推进中，哪个阶段要办什么事，采取什么措施，达到什么目标；谁来办、怎样办，都要心中有数，落实到位。

以严谨的态度抓落实。任何工作只有具体才能深入。落实的实质是解决问题，而具体化正是解决问题的重要前提。具体问题没有解决，即使声势再大、形式再好，最终还是“落空”。

在一些地方、部门和单位，许多问题客观地存在着，之所以看不到、想不到、抓不到，解决不了，一个重要原因就在于失之于“粗”，失之于“虚”，工作抓得不具体不细致不扎实。天下大事必作于细。抓落实的过程，也是一个积小胜为大胜、积跬步致千里的过程。从细处入手，落实才会日见成效。

以科学的方法抓落实。方法不当，事倍功半。实践证明，有些工作落实不了或不好，与方法不当关系很大。因此，抓落实必须讲究科学的方法。

要善统筹。做到抓主要工作兼顾相关工作，抓特色工作不忘全面建设，抓点上突破务须面上推广，处理好主要与次要、特色与普遍、点上与面上的关系，使各方面工作协调发展，相互促进，相得益彰。

要抓大事。工作落实都有主次先后、轻重缓急，只有按照先主后次、先急后缓、先重后轻抓落实，才能收到事半功倍之效；要善于抓大事、议大事，突出重点、破解难点，解决主要矛盾，牵住“牛鼻子”，集中力量，着力解决牵动全局的主要工作、事关长远的重大问题、关系群众切身利益的紧迫任务，以重点突破促整体推进。

要会“结合”。深刻领会上级决策部署的意图，摸清具体实际，把上级的指示精神同本单位的实际结合起来，既要对上负责，更要对下负责，既要符合上级精神，也要吻合基层实际。抓落实，必须把“上情”与“下情”有机地结合起来。真正的落实要在吃透中央精神，结合本地区、本部门的实际情况，创造性地“八仙过海，各显其能”，提高抓落实的针对性和实效性，创造性地开展工作。

依靠制度抓落实。建立目标责任制和责任追究制，形成科学的工作机制，使任务明确，职责清晰，各司其职，有赏有罚，纪律严明，提高落实的质量和效率。要善于调动全员参与的工作积极性，听取不同声音、吸纳更多意见，发挥团队作用，依靠集体力量，做到“人人有担子，个个有事干”。要加强协作，搞好配合，上下级之间、同事之间密切配合，心往一处想，劲往一处使，形成强大的整体合力。

以滴水穿石的韧劲抓落实。“滴水穿石”，只要方向明确，专心致志，锲而不舍，就一定能实现目标。抓落实贵在持之以恒，也难在持之以恒。有些地方、部门和单位抓落实之所以成效不佳，往往与缺乏经常抓、反复抓、持久抓有关。如果抓一阵子松一阵子，热一阵子冷一阵子，不能一抓到底，那就很难把工作落实好。

抓落实就要抓全程。抓全程就要有一种一以贯之的精神，不能容易的就抓，难的就放，碰到“硬骨头”就绕。要一抓到底，把简单的事情一次又一次地重复做好，克服工作中遇到的各种困难，把复杂的事情办好，把难办的事情办成。一项工作最终落实到位，也要历经曲折，不可能毕其功于一役，必定会遇到各种障碍和阻力。有些问题今天抓了有一定成效，明天又可能出现反复甚至倒退。因此，抓落实必然是一项经常的、细致的、艰苦的工作，非下真功夫、硬功夫、细功夫不可，需要抓反复、反复抓，多杀几个回马枪，才可能将工作落到实处。

抓落实不是空对空，更不是写在纸上、喊在嘴上、摆在面上，而是要讲求真务实，讲实干、苦干、巧干，注重抓落实的实际效果。党员干部要发扬钉钉子的精神，以踏石留印、抓铁有痕的劲头抓落实，把落实体现在发展的实践中、执政的行为上和改革的举措里，不折腾、不反复，一步一个脚印、稳扎稳打向前走，切实把工作落到实处，做出经得起实践、人民、历史检验的实绩。

第六章

以坚定信仰厚植忠诚

忠诚源于信仰。有了真信仰，才会有真忠诚。忠诚说到底是一种价值选择，是世界观、人生观、价值观的体现。对党的忠诚来自哪里？最根本的是源于对马克思主义的信仰、对中国特色社会主义和共产主义的信念。崇高的信仰是共产党人的精神支柱和政治灵魂。党员干部必须坚持“革命理想高于天”，树立高远的志向，做共产主义远大理想和中国特色社会主义共同理想的坚定信仰者、忠实实践者，在任何情况下都要做到政治信仰不变、政治立场不移、政治方向不偏，用坚定信仰谱写对党的无限忠诚。

一、忠诚源于信仰，信仰铸就忠诚

忠诚来源于信仰，信仰坚定的人一定具有忠诚的品质。有了真信仰，才会有真忠诚。对党忠诚从哪里来？最根本的是源于对马克思主义的信仰、对中国特色社会主义的信念。没有信仰，忠诚便是无根之木、无源之水。

真正的忠诚源于信仰，坚定的追随来自认同。信仰是最根本的东西，是一种被真理征服，不管遇到什么情况，依然自觉自愿、无怨无悔、坚忍不拔为之奋斗的执着。信仰所产生的强烈的使命感和无尽的责任感，以及无上的热情，便是忠诚的力量之源。

忠诚以信仰为基石，只有执着的真信，才会有忠诚。共产党员对党的忠诚，来自对党的信仰。这种信，源于对马克思主义理论的深刻理解，源于对辩证唯物主义和历史唯物主义真理的深刻把握。由此，在对党的理想信仰真信的基础上，升华为对党及党的事业真爱的自觉，从而在心中树起忠诚的灯塔，始终如一向着信仰的目标追求，绝不会因为挫折或者诱惑而偏离或转向，始终保持对党的忠诚。

信仰是引导人生的航标，对每个人都极为重要。信仰是世界观、人生观、价值观的体现，是一个人思想和行动的“总开关”，它不仅告诉我们什么是对的，而且告诉我们什么是应该做的。人生路上，一个人只有确立了正确的信仰，才会拥有正确的人生观、工作观、事业观，才会有明确的前进方向和坚定的奋斗目标，才会在事业中释放更多的动力。

信仰是人的精神支柱，支撑着人的精神世界。这种支柱作用在日常生活中可以看得出来。有信仰的人目光明亮坚定，精神饱满，仿佛有使不完的劲；而没有信仰的人，则精神萎靡，心神游移，难以始终如一。在遭遇挫折苦难的时候，在面临重大考验甚至生命攸关的时候，信仰的精神支柱作用就更明显突出。

信仰决定人生的价值意义。决定我们渴求做什么样的人，选择走什么样的路，而这一切取决于我们是否拥有信仰，拥有什么样的信仰。有了崇高远大的信仰，我们就拥有正确的思想灵魂，就具有了永不枯竭的激情和动力，就寄予了人生无限光明的发展前景。

一个人不能没有信仰，没有信仰的人等于没有灵魂；一个民族不能没有信仰，没有信仰的民族如同一盘散沙；一个国家不能没有信仰，没有信仰的国家不会自主强大。正所谓“人民有信仰，民族有希望，国家有力量”。

中国共产党人的信仰是由共产党的本质所确定，是党章所规定的。党章规定：“党的最高理想和最终目标是实现共产主义。”党的信仰就是全体党员的共同信仰。对马克思主义的信仰，对社会主义和共产主义的信念，是共产党人的政治灵魂，是共产党人经受住任何考验的精神支柱。

中国共产党人理想信念中第一位的是对马克思主义的信仰。马克思主义信仰是人类有史以来最为先进、最为科学的信仰，因为这一信仰是建立在马克思主义科学真理的基础之上，建立在马克思主义揭示的人类社会发展规律的基础之上，建立在为最广大人民谋利益的崇高价值的基础之上。无论过去、现在和将来，马克思主义永远是我们认识世界、把握规律、追求真理、改造世界的强大思想武器。

中国共产党人的理想信念是共产主义远大理想和中国特色社会主义共同理想的统一，是最高纲领和基本纲领的统一。习近平总书记指出：“我们既要坚定走中国特色社会主义道路的信念，也要胸怀共产主义的崇高理想，矢志不移贯彻执行党在社会主义初级阶段的基本路线和基本纲领，做好当前每一项工作。革命理想高于天。没有远大理想，不是合格的共产党员；离开现实工作而空谈远大理想，也不是合格的共产党员。”[①]社会主义和共产主义是共产党人的根本政治信仰，广大党员干部要自觉做共产主义远大理想和中国特色社会主义共同理想的坚定信仰者和忠实实践者。

---

① 中共中央文献研究室编：《十八大以来重要文献选编》（上），中央文献出版社2014年版，第116页。

坚定理想信念，坚守共产党人的精神追求，是共产党人安身立命的根本。共产党员对党的忠诚，首先体现在对党的价值追求高度认同，对党的信仰无限忠诚上，这也是衡量真假共产党员最主要最根本的标准。

理想信念就是共产党人精神上的“钙”，没有理想信念，理想信念不坚定，精神上就会缺“钙”，就会得“软骨病”。理想信念是党员干部的政治灵魂和精神之“钙”。身体缺钙，就容易腿脚抽筋、四肢乏力，这是生活常识。如果精神缺“钙”，人就会迷失方向，迟早会垮塌下来。党员干部精神上缺不缺“钙”、骨头硬朗不硬朗，直接关系着工作的状态、思路、成效、创新度。可以说，提高党员干部素质，首要的任务就是坚定理想信念。

当前，在党员干部队伍中还一定程度地存在信仰缺失的问题，少数党员干部不信马列信鬼神，不信科学信迷信，不信组织信个人。有的人身为共产党员，却怀疑马克思主义灵不灵、共产主义要不要、社会主义通不通，认为谈理想太远、谈信念太玄、谈宗旨太泛，甘愿浑浑噩噩、精神空虚；有的“身在曹营心在汉”，把配偶子女移民到国外、钱存在国外，给自己“留后路”，随时准备“跳船”，对党对国家有二心；有的心为物役，信奉金钱至上、名利至上、享乐至上，心里没有任何敬畏，行为没有任何底线。

一个人如果理想信念动摇了，就失去了奋发向上的思想根基，就会失去精神支柱，迷失前进方向，缺乏奋斗动力。在现实生活中，确实有一些人太功利、太现实了，他们只讲金钱不讲信仰，只要“实惠”不要“主义”，精神上的“钙”一点一点在流失。无信仰者，趋利避害的劣性将暴露无遗。一些党员干部出这样那样的问题，实际上是理想信念动摇了，说到底是信仰迷失、精神迷茫。的确，在利益面前，在各种诱惑面前，在生死考验面前，党员干部的价值选择，根本取决于其“精神钙质”的含量。

原苏共中央委员阿尔巴托夫在谈及苏共信仰危机时说，特权腐败在苏联不仅造成国家物质上的损失，“道德上的损失就更为惨重”，进而“埋下了社会冲突的地雷”，导致“整个领导层的威信不断下降”。殷鉴不远，也警示世人：理想信念坚定与否，是事关马克思主义政党、社会主义国家的精神力量和前途命运的根本问题，切不可高高挂起、掉以轻心。

对党忠诚，最核心的是坚持补精神之“钙”，坚定理想信念不动摇。坚定的理想信念从哪里来？政治上的坚定源于理论上的清醒。理论学习是改造主观世界的根本途径，是保持党性纯洁的重要保证。党员干部要自觉强化理论武装，关键是要学懂弄通落实习近平新时代中国特色社会主义思想，补足精神之“钙”，培厚信仰之基，铸牢忠诚之魂。

二、坚守马克思主义信仰，用科学理论武装头脑

科学信仰建立在正确的认识基础之上。政治上的坚定，源于理论上的清醒。坚守马克思主义信仰，须用科学理论武装头脑。

坚守对马克思主义信仰，首要前提就是要做到对马克思主义的思想自觉和理性认同。马克思主义是关于自然、社会和思维发展的科学，是人类社会最科学、最完整、最严谨的世界观和方法论。要加

强对马克思主义基本原理的学习领悟，自觉增进思想自觉、感情认同和理论实践，做到理论上学懂弄通，思想上坚信不疑，意志上坚韧不拔，行动上坚定不移。

坚定马克思主义信仰，就要用科学理论武装头脑。对理论学习越深入、越有效，在行动上就会越自觉、越坚定。共产主义、社会主义的理论基础是马克思主义，中国共产党信仰的定力来源于马克思主义。坚定的理想信念，必须建立在对马克思主义的深刻理解之上，建立在对历史规律的深刻把握之上。马克思主义反映了社会历史的本质和规律，是一个科学的理论体系。学习科学理论，是学习实践的有效途径，为坚守信仰打下牢固的理论根基。

理论的成熟是政治上成熟的重要标志，理论素质的高低在很大程度上决定了党员干部政治水平的高低。只有思想上弄通了，理论上清醒了，我们才会接受理论、拥护理论，把这种理论当成信仰；只有理论成了信仰，政治上才会更坚定，行动上才会更自觉。党员干部要把系统掌握马克思主义基本理论作为看家本领，通过坚持不懈学习，学会运用马克思主义立场、观点、方法观察和解决问题，坚定理想信念。

理论坚定是政治坚定的基础。一些党员干部理想信念缺失，同多年不读马列著作密切相关。没有科学理论的武装，不可能深切理解我们党的事业、宗旨和传统作风，不可能具备统领全局、高屋建瓴的高超领导能力，也不可能具有抵制各种诱惑、永远保持共产党人品格的能力。如果不读、不懂马列著作，理想信念就缺乏科学的理论支撑，就容易落伍。

马克思主义是我们立党立国的根本指导思想。马克思主义及其在中国的发展，为党和人民事业发展提供了既一脉相承又与时俱进的科学理论指导，为增进全党全国各族人民团结统一提供了坚实思想基础。背离或放弃马克思主义，我们党就会失去灵魂、迷失方向。在坚持马克思主义指导地位这一根本问题上，我们必须坚定不移，任何时候任何情况下都不能有丝毫动摇。

时代是思想之母，实践是理论之源。实践发展永无止境，我们认识真理、进行理论创新就永无止境。马克思主义并没有结束真理，而是开辟了通向真理的道路。把坚持马克思主义和发展马克思主义统一起来，结合新的实践不断作出新的理论创造，这是马克思主义永葆生机活力的奥妙所在。今天，时代变化和我国发展的广度和深度远远超出了马克思主义经典作家当时的想象，迫切需要我们在实践上大胆探索、在理论上不断突破。把牢思想之舵，就要更加深入地推动马克思主义同当代中国发展的具体实际相结合，推进理论创新、实践创新，不断把马克思主义中国化推向前进。

一个民族要走在时代前列，就一刻不能没有理论思维，一刻不能没有正确思想指引。百年奋斗历程中，我们党不断推进马克思主义中国化时代化并用以指导实践。党的十八大以来，以习近平同志为主要代表的中国共产党人，坚持把马克思主义基本原理同中国具体实际相结合、同中华优秀传统文化相结合，坚持毛泽东思想、邓小平理论、“三个代表”重要思想、科学发展观，深刻总结并充分运用党成立以来的历史经验，从新的实际出发，创立了习近平新时代中国特色社会主义思想。习近平新时代中国特色社会主义思想是当代中国马克思主义、二十一世纪马克思主义，是中华文化和中国精神的时代精华，实现了马克思主义中国化新的飞跃。

习近平总书记在庆祝改革开放40周年大会上的讲话中指出："前进道路上，我们必须坚持以马克思列宁主义、毛泽东思想、邓小平理论、'三个代表'重要思想、科学发展观、新时代中国特色社会主义思想为指导，坚持解放思想和实事求是有机统一。发展二十一世纪马克思主义、当代中国马克思主义，是当代中国共产党人责无旁贷的历史责任。我们要强化问题意识、时代意识、战略意识，用深邃的历史眼光、宽广的国际视野把握事物发展的本质和内在联系，紧密跟踪亿万人民的创造性实践，借鉴吸收人类一切优秀文明成果，不断回答时代和实践给我们提出的新的重大课题，让当代中国马克思主义放射出更加灿烂的真理光芒。"①

我们党一贯重视提高党员干部的马克思主义理论水平。这是对我们党历史经验的深刻总结，也是对党员干部的根本要求。面对新的形势和任务，党员干部更要系统掌握马克思主义基本理论，全面提升自己的看家本领。马克思主义理论素养是党员干部领导素质的核心和灵魂，掌握马克思主义理论是党员干部的基本功，党员干部特别是高级干部要把系统掌握马克思主义基本理论作为看家本领，自觉用马克思主义科学理论武装头脑，并指导自己的实际工作。

学习马克思主义基本理论，不是为了装点门面，不是为了背诵几段名言，也不是脱离实际空发议论，而是要脚踏实地去研读、去领悟、去运用。学习中，要自觉把学习原著作为提高素质、增长本领、做好工作的基本途径，以高度的政治责任感、强烈的求知欲、

---

① 中共中央党史和文献研究院编：《十九大以来重要文献选编》（上），中央文献出版社2019年版，第731—732页。

积极的进取心，埋下头来、静下心来、下苦功夫，努力学得更深一些、更透一些；要坚持问题导向，理论联系实际，联系国际国内的实际，联系本地区本部门本单位的实际，联系个人的思想和工作实际。通过坚持不懈、持之以恒的学习，学会运用马克思主义的立场观点方法观察问题、分析问题、解决问题，不断筑牢理想信念，做到虔诚而执着、至信而深厚。

理论学习是改造主观世界的根本途径，是保持党性纯洁的重要保证。党员干部要真正把学习当成一种习惯、一种生活方式，自觉学习马克思主义理论特别是习近平新时代中国特色社会主义思想，自觉把学习与自我改造、工作创造结合起来，通过持之以恒的学习，加强主观世界改造，澄清模糊认识，剔除错误认识，纠正认识偏差，做到与党在思想上同心、目标上同向、行动上同行，不断增强自己的政治敏锐性和鉴别力，使忠诚内化为自己的精神灵魂，外化为自己的行为准则。

三、增强“四个自信”，坚定中国特色社会主义信念

中国特色社会主义是改革开放以来党的全部理论和实践的主题，是党和人民历尽千辛万苦、付出巨大代价取得的根本成就。坚定中国特色社会主义共同理想，就要坚定中国特色社会主义道路自信、理论自信、制度自信、文化自信，坚持党的基本路线不动摇，不断把中国特色社会主义伟大事业推向前进。

“四个自信”是对中国特色社会主义道路、理论、制度、文化的

高度认同和自信。它来源于中国革命、建设和改革的伟大实践，来源于人民群众的伟大创造，来源于中华民族对真理的不懈追求，是历史和时代赋予我们应有的精神状态。坚定“四个自信”，是不断把中国特色社会主义伟大事业推向前进的内在动力，也是全面建成小康社会和实现中华民族伟大复兴的根本保障。

坚定道路自信，就是要深刻认识中国特色社会主义道路是实现社会主义现代化的必由之路，是创造人民美好生活的必由之路。

中国特色社会主义道路是我们党和人民历尽千辛万苦、付出巨大代价探索出来的。搞革命、搞建设、搞改革，道路问题都是最根本的问题。中国特色社会主义道路来之不易，它是在改革开放40多年的伟大实践中走出来的，是在中华人民共和国成立70多年的持续探索中走出来的，是在对近代以来180多年中华民族发展历程的深刻总结中走出来的，是在对中华民族5000多年悠久文明的传承中走出来的。“四个走出来”深刻说明了中国特色社会主义道路的深厚历史渊源和广泛现实基础，体现了一脉相承和与时俱进的内在统一。

中国特色社会主义道路，就是在中国共产党领导下，立足基本国情，以经济建设为中心，坚持四项基本原则，坚持改革开放，解放和发展社会生产力，建设社会主义市场经济、社会主义民主政治、社会主义先进文化、社会主义和谐社会、社会主义生态文明，促进人的全面发展，逐步实现全体人民共同富裕，建设富强民主文明和谐美丽的社会主义现代化强国。

为什么必须坚定道路自信呢？一是因为中国特色社会主义道路既坚持了科学社会主义基本原理又赋予其鲜明的中国特色，是马克思主义基本原理与当代中国实际有机结合的成果。二是因为中国特色社会主义道路在短短几十年的时间里使我国生产力得到快速发展，综合国力得到快速增强，人民生活水平得到快速提高。理论的科学性和实践的成效性是我们坚持道路自信的最根本的内在依据。

坚定理论自信，就要深刻认识马克思主义中国化理论创新成果是指导党和人民沿着中国特色社会主义道路实现中华民族伟大复兴的正确理论。

毛泽东思想是马克思列宁主义在中国的创造性运用和发展，是被实践证明了的关于中国革命和建设的正确的理论原则和经验总结，是马克思主义中国化的第一次历史性飞跃。在毛泽东思想的指引下，中国人民战胜了各种艰难困苦，取得了社会主义革命和建设的重大成就，为开创中国特色社会主义奠定了政治前提和物质基础。

中国特色社会主义理论体系，是马克思主义基本原理同中国改革开放和社会主义现代化建设新时期的实践有机结合而形成的科学理论体系，它包括邓小平理论、“三个代表”重要思想、科学发展观在内的科学理论体系。中国特色社会主义理论体系的形成，实现了马克思主义中国化新的飞跃，深化了我们党对共产党执政规律、社会主义建设规律、人类社会发展规律的认识，为全党和全国各族人民提供了强大的思想保证和理论武装，丰富了马克思主义的理论宝库。在这一理论体系的指导下，党领导人民走中国特色社会主义道路，推进了中华民族从站起来到富起来的伟大飞跃，中国大踏步地赶上了时代。

习近平新时代中国特色社会主义思想，是马克思主义中国化最新成果，是新时代党和人民实践经验和集体智慧的结晶，是对马克思列宁主义、毛泽东思想、邓小平理论、“三个代表”重要思想、科学发展观的继承和发展，是在中国特色社会主义新时代全党全国人民为实现中华民族伟大复兴而奋斗的行动指南，必须长期坚持并不断发展。习近平新时代中国特色社会主义思想，根据新的实践要求，对新时代中国特色社会主义经济、政治、文化、社会、生态文明和党的建设等各方面工作作出战略部署和政策指导，是党对中国特色社会主义建设规律认识深化和理论创新的重大成果。增强理论自信，当前最重要的就是要用习近平新时代中国特色社会主义思想武装头脑、指导实践。

发展中国特色社会主义必须坚定理论自信，一是取决于马克思主义中国化理论创新成果自身的科学性。这个理论成果具有与时俱进的鲜明品格。在当代中国，坚持马克思主义中国化理论创新成果，就是坚持马克思主义。二是取决于马克思主义中国化理论创新成果的正确性。理论的正确性主要取决于它指导实践取得成功的程度和效果。马克思主义中国化理论创新成果是指导党和人民沿着中国特色社会主义道路实现中华民族伟大复兴的正确理论，指引全党和全国人民取得了巨大胜利，并继续指引我们取得新的更大胜利。

制度问题关系党和国家的前途命运。制定和实行什么样的制度，不仅关系党和国家的生机与活力，也关系到人民当家作主权利的实现，关系中国特色社会主义事业健康有序地推进。邓小平同志指出，党的制度“关系到党和国家是否改变颜色，必须引起全党的高度重视”[①]。

中国特色社会主义制度体系，包括人民代表大会制度这一根本政治制度，中国共产党领导的多党合作和政治协商制度、民族区域自治

---

① 《邓小平文选》第2卷，人民出版社1994年版，第333页。

制度以及基层群众自治制度等基本政治制度，中国特色社会主义法律体系，公有制为主体、多种所有制经济共同发展的基本经济制度，以及建立在这些制度基础上的经济体制、政治体制、文化体制、社会体制等各项具体制度。这一先进的制度体系是建立在中国特色社会主义道路基础之上形成的符合中国特色的制度体系，集中体现了中国特色社会主义的性质、特点和优势，是中国特色社会主义事业发展进步的根本制度保障。

发展中国特色社会主义必须坚定制度自信，因为中国特色社会主义制度为中国特色社会主义道路的确立和发展提供了坚强的政治保障，同时也为中国特色社会主义事业的不断发展和进步提供了强大政治动力。在发展中国特色社会主义伟大事业过程中，我们必须毫不动摇地坚持和完善中国特色社会主义制度。

文化是民族凝聚力之源，是国家实现兴旺发达的科学支撑。

文化自信是一个民族、国家或政党对本民族传统文化和现代文化价值的积极认同、充分肯定和积极践行，是对自身文化及其生命力持有的坚定信心。文化自信的提出充分彰显了共产党人对文化的高度关注，标志着我们党对文化功能、文化作用的认知已达到新高度。正像习近平总书记所指出的那样："在五千多年文明发展中孕育的中华优秀传统文化，在党和人民伟大斗争中孕育的革命文化和社会主义先进文化，积淀着中华民族最深层的精神追求，代表着中华民族独特的精神标识。"[①]

---

① 中共中央党史和文献研究院编：《十八大以来重要文献选编》（下），中央文献出版社2018年版，第349页。

习近平总书记指出："文化自信，是更基础、更广泛、更深厚的自信。"[①]提出坚持文化自信，是对道路自信、理论自信和制度自信内容的进一步深化和完善，体现了我们党高度的文化自觉，彰显了我们党鲜明的文化立场，进一步凸显了文化在中国特色社会主义事业全局中的重要地位。

为什么必须坚定文化自信？理由有二：一是博大精深的中国优秀传统文化，是中国特色社会主义道路、制度和理论形成和发展的基因、命脉，这些宝贵文化资源，铸就了中华民族持久而强大的凝聚力和向心力，是中华民族自强不息、创新发展的精神支柱。二是在党和人民伟大斗争中孕育的革命文化，社会主义先进文化，尤其是贯穿其中的科学理论、理想信念和价值追求，为中国特色社会主义发展指引着前进方向、提供着精神动力。离开文化自信，道路自信、理论自信和制度自信就会失去精神支撑和文化滋养。

"四个自信"来源于我们的道路、理论、制度和文化，都植根于中国的发展实际，并且都经过了实践的检验，是科学和符合中国实际的。当今世界，要说哪个政党、哪个国家、哪个民族能够自信的话，那中国共产党、中华人民共和国、中华民族是最有理由自信的。今天，我们走自己的路，具有无比广阔的舞台，具有无比深厚的历史底蕴，具有无比强大的前进定力，每一个中国人都应该有这个信心。

"四个自信"关系到新时代中国特色社会主义事业的方向和未来，

① 中共中央党史和文献研究院编：《十八大以来重要文献选编》（下），中央文献出版社2018年版，第349页。

关系到“两个一百年”奋斗目标和中华民族伟大复兴中国梦的实现路径和现实保障。在全面建成小康社会到基本实现社会主义现代化，再到全面建成社会主义现代化强国的伟大进程中，党员干部必须牢固树立“四个自信”，保持政治定力，坚持实干兴邦，既不走封闭僵化的老路，也不走改旗易帜的邪路，始终坚持和发展中国特色社会主义，克服前进道路上的一切困难和挑战，不断夺取新时代中国特色社会主义建设新胜利。

四、不断校正世界观，掌控思想“总开关”

世界观在哲学上又称为宇宙观，是指人们对整个世界的根本看法，是人们对于世界的本质和各种关系以及世界上一切事物的根本观点。世界观一旦形成，就对人的活动产生支配作用，并形成决定性作用。

世界观并不虚无缥缈，而是人生的导向和行动的指南，决定着人生追求与价值取向，指导和支配着理想信念、思想境界、道德操守与行为准则，具有“总开关”“总闸门”的作用。

人们生活在这个世界上，就是认识世界和改造世界，这两项任务都必须以世界观为基础，都必须在一定的世界观指导下才能进行，可以说，世界观对人们认识世界和改造世界具有十分重要的作用，但不同的世界观对人们有着不同的导向作用。

共产党人的世界观，就是马克思主义的辩证唯物主义和历史唯物主义，是建立在对客观事物的正确认识的基础上，是有史以来最科学、最进步的世界观。我国是社会主义国家，马克思列宁主义、毛泽东思想、邓小平理论、“三个代表”重要思想、科学发展观、习近平新时代中国特色社会主义思想是中国共产党的行动指南。马克思主义是我们立党立国的根本指导思想，是我们党的灵魂和旗帜。作为一名共产党员，必须牢固树立马克思主义的科学世界观——辩证唯物主义和历史唯物主义。“因为这个主义是全世界无产阶级的最正确最革命的科学思想的结晶。”[①]

对党员干部来说，在任何时候，树立正确的世界观都是首要问题、必须解决的问题。只有牢固树立辩证唯物主义和历史唯物主义的马克思主义世界观，在科学世界观的指导下，才能始终坚持代表最广大人民根本利益的政治方向、政治立场、政治观点，增强政治敏锐性和政治鉴别力，在大是大非面前旗帜鲜明、毫不含糊；才能真正学会运用辩证唯物主义和历史唯物主义的立场、观点和方法，正确观察事物、判断形势、分析问题，从纷繁复杂的现象中看到事物的本质和主流，在诸多矛盾中抓住事物的主要矛盾和矛盾的主要方面，自觉按客观规律办事，在工作中充分地发挥出自己的聪明才智。

一个人如果不能树立唯物主义世界观，而陷入唯心主义世界观的泥潭，就可能对一些社会上存在的封建迷信、伪科学、文化糟粕分辨不清，不但不能进行抵制和斗争，反而成为这些错误东西的俘虏。有的把一些江湖骗子、江湖骗术当成“大师”“大法”顶礼膜拜；有的热衷于求仙、算命、看相、占卜等封建迷信活动；有的对所谓超

---

① 中共中央文献研究室、中央档案馆编：《建党以来重要文献选编（1921—1949）》第22册，中央文献出版社2011年版，第187页。

自然、超人间的东西深信不疑。类似种种，都是唯心主义的体现，直接动摇人们的信仰、瓦解人们的斗志、麻痹人们的思想。这些事实充分说明，错误的、反动的、非科学的世界观给人带来的危害作用是决不能低估的。

世界观决定了人的思维方式，同时世界观决定着人们的人生观。怎样做人？人生道路怎么走？面对这些问题，世界观提供了对人与自然、人与社会、人与人之间关系的根本看法，为确定人生目的和态度提供了根本性观点。世界观还决定着人们的价值观。人们对某种事物或现象的好恶，体现了在价值问题上的选择和倾向性，世界观为人们在认知事物和现象中提供了理论基础和方法原则，因此可以说，价值观是世界观的体现。一个人有什么样的世界观，就会有什么样的思维方式，有什么样的人生态度和价值取向。

有了正确的世界观，才可能有正确的人生观和价值观，才会使人对客观事物有个正确的立场观点和思想方法，才能使人确立正确的人生目标和价值取向，做人有大是非、做事有大方向、做官有大原则。可以说，正确的世界观是党员干部德才素质的基础和支撑，是党员干部工作生活的立身之本，是党员干部奋发有为的动力源泉，是提高防腐拒变能力的锐利武器；反之，那些出事或有问题的人，根源都是从“三观”出现病变后开始的，这个病变一旦发作，各种细菌就会悄然侵入，在思想的温床上滋生蔓延，然后使人的肌体产生腐化。

正确的世界观，不是我们头脑中固有的，也不是从天上掉下来的，而是靠我们长期的学习、实践形成的，特别是在长期艰苦复杂的环境中经过实践考验形成的，它源于我们对党的理论、纲领、路线、方针和各项政策的认同，来源于对党的理论和党的奋斗目标的学习和认同，也源于长期的党性锻炼和修养。党员干部树立正确的世界观，要从以下几方面努力。

树立正确的世界观，必须认真搞好理论学习。每个党员干部都应当认真地而不是敷衍地、系统地而不是零碎地、实际地而不是空洞地学习科学理论，努力掌握科学的世界观、方法论，掌握贯穿在其中的立场、观点和方法，并把它自觉地运用到观察、分析和解决各种实际问题中去，在大是大非面前，讲党性、讲原则，自觉抵制各种拜金主义、享乐主义、个人主义等腐朽思想的侵蚀，在思想上政治上行动上同党中央保持高度一致，坚定地站在党性原则的立场上，站在维护广大人民群众利益的立场上。此外，还要学习经济、政治、法律、科技、历史、文学等方面的知识，自觉地把理论修养与知识素养结合起来，把世界观与方法论统一起来，排除各种错误倾向的干扰，避免和减少工作中的片面性、盲目性，做一个坚定的、清醒的马克思主义者。

树立正确的世界观，必须坚定共产党人的理想信念。理想信念，是世界观和政治信仰在奋斗目标上的具体体现，是确立人生价值取向的最高准则。科学的理想信念，能使人们自觉地投身建设中国特色社会主义的伟大事业，从而最大限度地实现自己的人生价值。我们党从成立那一天起，就在马克思主义世界观指导下把在中国实现社会主义、共产主义确立为自己的远大理想和奋斗目标，一代又一代中国共产党人确立了为之不懈奋斗的坚定信念。党员干部应当加强马克思主义理论学习，确立坚定的理想信念，摆正个人利益与人民利益的关系，将个人的人生追求和价值目标融入为祖国富强、民族振兴、人民幸福的奋斗之中，自觉地为国家富强和人民幸福而勤奋工作，毫无保留地为国家为民族为人民贡献自己的一切力量。

树立正确的世界观，必须认真地进行思想改造。由于党员干部的思想和道德等方面都存在程度不同的积极因素和消极因素，或多或少地带有陈旧思想，世界观也有不够端正的地方，仍然需要在实践中不断地改造主观世界、增强党性修养，才能不断接受科学世界观，才能提升自己的思想境界和道德情操，始终走在时代的前列。改造世界观，实质上就是这样一个正确处理利益冲突，不断抛弃不正确的思想认识，树立科学的思想观念、锤炼党性的过程。要想认真地自我改造，就要以马克思主义世界观为标准，不断检视自己的思想和行为，多作自我批评，克服任性和偏私。要主动求得别人的批评帮助，虚心听取组织和同志们的意见和反映，主动接受监督检查，坚持在严格的党内生活中自觉地锻炼自己。还要敢于向一切错误的思想观念、腐朽的生活方式宣战，以坚定的斗争精神淬炼自己的思想品格。只有这样，才能达到改造的目的。

在经济全球化和文化多元化不断发展的今天，人们的思维方式和生活方式正在或已经发生深刻变化。共产党人的世界观和人生观不仅赋予了新的内容，而且面临着新的考验。党员干部即使已经初步树立正确的世界观，也丝毫不能放松自己在世界观方面的改造，不仅要经受住一时一事的考验，而且更要经受一生一世的考验。在干部岗位的时间越长，越要坚持改造世界观。应在漫长的一生中，不断用正确的世界观来校正人生坐标，规范人生追求，让正确的世界观、人生观和价值观在自己心中深深扎根。像周恩来同志那样“活到老、学到老、改造到老”，才能始终在大风大浪面前立得住、站得稳。

五、保持信仰纯洁，提升从政品位

信仰纯洁是共产党人最根本的纯洁。纯洁的信仰可以有力地约束和升华自我的欲望，有效抵御各种欲望的诱惑，使人保持心灵和言行上的纯洁。没有纯洁的信仰，精神家园就会荒芜。尤其是在党长期执政和市场经济条件下，在浮华的世风和物欲的诱惑面前，保持“信仰纯洁”这一“最根本的纯洁”，对广大党员干部来说就显得尤为迫切。

不同的信仰，反映的是不同的世界观，体现的是观察事物不同的方法论。中国共产党人正是由于选择并信仰了马克思主义，掌握了世间的真理，才产生强大的精神力量，夺得一个又一个胜利。崇高的马克思主义信仰是中国共产党人革命精神长青不衰的源泉。中国共产党的革命、建设和发展历程，就是无数革命者用理想和信仰浇铸的历程。

保持信仰纯洁，要立志高远。只有高尚的追求，才会有高尚的行动。“志正则众邪不生”，意思是只要志向远大、心地光明，就能防止邪恶的产生。一个党员干部志向的高低，可以反映其世界观和价值观的高下、政治品格和精神境界的优劣、宗旨意识的强弱；也可以影响其事业心、工作热情和领导水平。因此，党员干部应当志存高远，树立崇高的信仰，提升从政的品位，胸怀报国为民之志，为自己的工作注入不懈的动力和激情。

理想因其远大而为理想，信念因其执着而为信念。有不同的理想信念，就有不同的事业追求，体现不同的人生价值。人的追求可分三个层次：一是“为稻粱谋”，只谋自己的利益，这是最低境界；二是“为事业谋”，谋部分人的利益，这是较高境界；三是“为全人类谋”，谋所有人的利益，这是最高境界。共产党人以解放全人类为己任，正因为有这样的理想信念，才会积极投身于全面建设社会主义现代化国家的伟大事业，自身人生价值才得以体现。

周恩来同志从小有振兴中华的远大理想，“以人民的疾苦为忧，以世界的前途为念”[①]，才能在艰苦卓绝的岁月里“九死犹未悔”。庸俗狭隘的理想会限制人们的格局，而远大的理想则可以提升人们的眼界和器量。当人们有了一个高层次的目标时，就可以摆脱掉一些世俗烦恼的束缚，不会因为这些琐碎的东西而迷失方向，失去动力。

只有崇高的理想才有价值。一个人的理想抱负，不是为了个人而是为了人民，不是为了一时而是为了长远，个人的成就、成长才能有超越一己的意义与价值，才能在为更高远的事业而奋斗的过程中取得更重要的成就、赢得更开阔的人生。党员干部要不断改造自己的世界观、人生观、价值观、事业观、政绩观，不断升华自己的思想境界、家国情怀和人格魅力，并用以指导自己的工作实践，践行全心全意为人民服务的根本宗旨。

对党员干部来说，理想抱负往往体现在从政理念上。从政图什么？不同的人可能有不同的回答。这些回答可以反映一个党员干部的思想境界和人格品德的高低，可以反映其世界观、人生观、价值观、权力观、利益观、地位观的优劣。

有人为“名”。认为从政当官才能有地位，走到哪里都前呼后拥，

---

① 《周恩来选集》下卷，人民出版社1984年版，第427页。

派头十足，这样才算实现了自己的人生价值，才可以出人头地，才可光宗耀祖，荫及子孙，所谓“千里做官图个名”是也。如此以官为贵，一切服从于做官和升官，就会把仕途升迁作为自己事业的唯一取向，把做官看作人生最高的价值追求。带着这样的念头从政掌权，干工作就会拈轻怕重，重眼前而轻长远，重争彩头而轻打基础，只干那些能出名、能产生轰动效应的形象工程，很多具体工作不能落实到位，留下许多死角和问题，最终给党和人民的事业造成损失，自己也会失去组织和群众的信任。

有人为“利”。把从政做官当作发财的路子，把“升官”与“发财”联系在一起。抱着“升官不发财，请我都不来；当官不收钱，退了没本钱”的为官心理，一门心思为自己和亲友谋取私利，甚至不择手段铤而走险，贪污受贿、买官卖官，损公肥私、疯狂敛财，损害国家、集体和人民的利益，最终堕入犯罪的深渊。近些年，一些贪腐案件一再警示为官者，可仍有“前腐后继”的现象出现，就是因为这些人一开始就存在着“当官发财”的指导思想，经受不住权、钱、色的诱惑，抱着侥幸心理，一步步走向自我毁灭之路。

有人为“生”。认为从政做官收入稳定，衣食住行等均有相关待遇，可以养家糊口，吃穿不愁，可以“贵妻富子，殷实家庭”；认为吃饭可以签单，旅游可以报销，公车可以代步，集体的资源可以享用，于是挥霍公款也就不当回事了；陶醉于出则前呼后拥、住则宾馆酒楼，事有人办、常有人求的曼妙状态。如果把做官仅仅看作一门职业或谋生的手段，那么肯定要追求利益的最大化。这种人只注重一家之利和感官享受，理想志趣低下。这种人即使不走向腐败堕落，也会因胸无大志、庸俗低下而行之不远。

这三种从政的目的，都不是今天的党员干部应有的从政目的。抱着这些目的从政的人，身居高位，享受着花天酒地、纸醉金迷、豪华奢侈的生活，却把党性原则、道德法律和自己肩负的责任使命抛之脑后，大多数时间为别人而活、为金钱和名利而活。这些人，即使不因贪赃枉法、作恶多端，最终遭到法律的严惩、人民的唾弃，也会因为爱占便宜，贪图享受，得过且过，无所作为而自毁形象、自断前程。

当然，大多数党员干部都明白，正确的选择应当是“为人民服务”。“为人民服务”是中国共产党的宗旨，也是党员干部的职责要求，“立党为公、执政为民”应当成为每个党员干部的从政理念。刘少奇同志在接见北京市清洁工时传祥时说：“你掏大粪是人民勤务员，我当主席也是人民勤务员，这只是革命分工不同，都是革命事业不可缺少的一部分”[①]，岗位虽然不同，但“为人民服务”的本质不变。邓小平同志曾说：“什么叫领导？领导就是服务。”[②]

可以说，为人民服务，它涵盖了人类最正义的感情和人生最崇高的价值。毛泽东同志说：“我们一切工作干部，不论职位高低，都是人民的勤务员，我们所做的一切，都是为人民服务。”[③]长期以来，人们对为人民服务的理解和实践就是从这个角度出发的。在人们的观念中，只要是共产党的干部，无论从事什么工作，都是在为人民服务。

从政理念的关键在于为谁掌权、为谁用权，如何行使人民赋予的

---

① 中共中央文献研究室编，陈绍畴、刘崇文主编：《刘少奇年谱（1898—1969）》（下），中央文献出版社1996年版，第466页。

② 《邓小平文选》第3卷，人民出版社1993年版，第121页。

③ 《毛泽东文集》第3卷，人民出版社1996年版，第243页。

权力，这是党员干部世界观、人生观和价值观的集中体现。如何对待和运用权力，是检验党员干部党性强弱、官德好坏的试金石。

党员干部要树立正确的权力观，以平常心看待权力、以责任心用好权力。现在有的党员干部把手中的权力当成为自己谋取私利、搞特殊化的工具，还有个别的甚至把权力当成自己掌上的玩物和炫耀的资本，随心所欲地乱用，动不动就说："有什么事找我，这事咱有权。"这是在错误的权力观支配下的一种对权力极端不负责任的态度。人民赋予的权力，只能用来为人民谋利益，决不能将权力据为己有，决不能用来谋私利，甚至损公肥私。要积极破除谋利性的腐朽权力观，克服"有权不使，过期作废"的错误认识，始终坚持依法用权。

在个人职位晋升上要懂得知足。这既是一种清醒，更是一种心态。现在有的党员干部热衷于做官、满足于做官、陶醉于做官，"官瘾"十足。有的精心设计自己的当官路线图，步步为营、"小步快跑"；有的看到他人特别是与自己条件相当的人提拔了，就眼红心热、坐立不安；还有的板凳都还没有坐热，就急于"走人"，甚至忙于"跑官要官"，人们为其画像："两年不提拔，心里有想法；三年不挪动，就想去活动。"为官要知足，就应淡化"官欲"、克服官本位。"看庭前花开花落，望天上云卷云舒"，只有看淡名利，保持平常之心、知足之心，才能正确看待手中的权力，扛起肩上的职责，尽到一个人民公仆应尽的本分。

树立正确的从政理念，就应当好好想一想"现在当干部应该做什么？将来身后应该留点什么？"这些问题想清楚了，处理好了，就能不畏浮云遮望眼，真正担负起自己的职责，做到日有寸功、日有寸进，真正成为人民群众满意的党员干部。

六、在磨炼中守住理想，不断增强信仰定力

常言道："立志容易，守志难。"守志如行路，有行十里者，有行百里者，有行终生者。行十里者众，行百里者少，行终生者稀。可以说，守志比立志更难、更重要，守志贵在坚持。不忘初心者，方能行稳致远。

守志，关键是要对自己抱定的志向有坚定的信念，能够坚守自己的志向，不忘自己的初心，不为身边或者社会上的诱惑所动摇，不为挫折坎坷所动摇，不因自身的惰性所动摇，不因一时的荣辱得失而动摇，能够坚持不懈地为美好而崇高的目标而奋斗。

志向需要坚守，因为在现实生活中，一个人如果没有做人的原则和主见，就容易随波逐流。守志不是百米冲刺，而是马拉松长跑。实现志向需要耐心，需要坚强的意志，需要抵挡诱惑的能力和抵抗挫折的韧性。有志气的人，不仅注重立志时的审问慎思，更注重立志后的明辨笃行。党员干部只有增强信仰定力，加强党性修炼，才能始终坚守住共产党人的精神高地。

"仁者不以盛衰改节，义者不以存亡易心。"崇高的信仰信念，是中国共产党人立身、处世、干事的政治灵魂、精神支柱和动力源泉。在井冈山时期，面对"红旗到底能打多久"的迷茫和质疑，坚定的共产党人吟着"砍头不要紧，只要主义真"的就义诗，在生死面前赴汤蹈火、视死如归，为革命事业抛头颅洒热血，靠的就是一种信仰、一种追求、一种坚定执着的理想信念。

当今，大多数党员干部都不会再经历流血牺牲的考验了，但对于

共产党人理想、信念和精神品质的种种考验，却比战争年代更复杂、更隐蔽、更经常，也更尖锐。在纷繁复杂的社会环境和时代条件下，坚定信仰、坚持信念、坚守初心，已成为全党面临的严峻政治课题。现实表明，信仰的动摇和理想的迷失，通常不是在胜利前，而是在胜利后；通常不是在执政前，而是在执政后；通常不是在事业的低谷，而是在事业的高峰；通常不是被敌人打垮的，而是被自己打垮的。一个靠信仰得天下的政党，能不能再靠保持信仰治天下、平天下，不仅是需要全党认真对待的问题，而且也是需要每一名共产党员严肃回答的问题。一代人有一代人的责任和使命，但党的奋斗目标和共产党人的理想追求永远不会变。

理想信念的树立不是一蹴而就的，而是一个不断学习和努力实践的长期过程。只有把信仰与实现中国梦的宏伟理想统一起来，把信仰与每个党员干部的本职工作、个人思想改造结合起来，真正落到脚踏实地的实践中去，每个人的价值才能得到体现，付出才能得到肯定，精神才能得到升华。

习近平总书记在纪念红军长征胜利80周年大会上的讲话中指出："在新的长征路上，我们一定要保持理想信念坚定，不论时代如何变化，不论条件如何变化，都风雨如磐不动摇，自觉做共产主义远大理想和中国特色社会主义共同理想的坚定信仰者、忠实实践者，永远为了真理而斗争，永远为了理想而斗争。"①

理想信念无时不在，有没有、是否坚定，反映在行为选择上都

---

① 中共中央党史和文献研究院编：《十八大以来重要文献选编》（下），中央文献出版社2018年版，第397页。

大不一样。从一定意义上说，行动是衡量理想信念牢固程度的唯一尺度。怎么学习、怎么表态很重要，怎么做更重要，尤其是在那些大是大非面前，在党的纪律规矩的遵从信守上，更见理想信念的力量。

信仰既是原则方向，也很具体实在。共产主义理想是伟大的，但要经过相当长的历史阶段才能实现。社会主义是崇高的，为社会主义奋斗是值得的。这同时也是为共产主义奋斗。没有远大理想，不是合格的共产党员；离开现实工作而空谈远大理想，也不是合格的共产党员。每名共产党员都应该按照这样的标准来要求自己，在工作和生活中不断实践，不断加以锤炼。

坚定信仰，就要积极投身中国特色社会主义建设。实践是检验理想信念的试金石，也是坚定理想信念最生动的课堂。信仰不只是纸面上的文字，不只是口头上的声音，而是要用实实在在的行动，去实现一个又一个具体的目标。今天，衡量一名党员是否具有共产主义远大理想，是有客观标准的，那就看他能否坚持全心全意为人民服务的根本宗旨，能否吃苦在前、享受在后，能否勤奋工作、廉洁奉公，能否为理想而奋不顾身地去拼搏、去奋斗，去献出自己的全部精力乃至生命。优秀党员要胸怀理想、坚定理想，还要立定脚跟、脚踏实地，做好眼前的事情，干好最现实的工作，把对理想信念的坚定性，体现在为实现党在社会主义初级阶段的基本路线和基本纲领而努力奋斗上，体现在完成党的各项工作任务、推进中国特色社会主义事业的伟大实践中，始终做中国特色社会主义事业的推进者、建设者。

坚守信仰需要坚忍不拔。真正的有志者，不会停下奋斗的脚步。古人说：“志之所趋，无远弗届，穷山距海，不能限也。志之所向，无坚不入，锐兵精甲，不能御也。”志存高远、信念坚定的人，再遥远的地方也能到达，再坚固的障碍也能突破，再迷人的诱惑也能抵制，再艰难的挑战也能应对。面对重重艰难险阻、蜿蜒曲折，党员干部要始终以坚定不移的意志，披荆斩棘、坚毅前行，永不言弃。

“行百里者半九十。”越是抵达梦想的时刻，越可能会面临不同寻常的考验。极限运动如此，人的奋斗如此，国家的前行同样如此。无论是艰难的转变发展方式，也无论是深水区的深化改革，抑或是爬坡过坎的关键发展阶段，都是对我们耐受力的一次集中检阅。正如习近平总书记所说：“再高的山、再长的路，只要我们锲而不舍前进，就有达到目的的那一天。”[①]锤炼好耐受力，我们将不仅能抵达梦想，还将收获更多。

坚定信念是实现理想的重要条件。没有执着的信念，要想实现宏伟的理想是不可能的。面对错综复杂的国际国内环境，党员干部要经得住各种考验，就必须高扬理想、坚定信念，用共产主义远大理想和中国特色社会主义共同理想激励人、凝聚人。当然，理想的实现更需要付出艰辛的努力，只有不断磨炼自己的意志和毅力，不畏艰苦的人才可能到达成功的彼岸。

坚定理想信念，就要努力在社会实践中砥砺意志、磨炼品质。崇高信仰、坚定信念不是与生俱来的，也不会一劳永逸，需要有“脱胎换骨”的过程，需要在长期的学习、工作和生活中经过艰苦的锤炼。只有到实践中去，到群众中去，到改革创新一线去，到艰苦复杂环境中去，苦干实干，勇于担当，才能炼就坚强的意志品质，才能不断坚

---

① 中共中央文献研究室编：《十八大以来重要文献选编》（上），中央文献出版社2014年版，第437页。

定自己的崇高追求和理想信念。每一位党员干部都要坚持从服务党的事业的大局出发，坚持把理想信念化作勤奋工作的自觉行动，爱岗敬业、忠于职守，兢兢业业、尽职尽责地做好自己的本职工作，把远大理想内化为精神动力，外化为具体行动，理想的大厦才能有坚实的基础。

入党誓词字字铿锵："为共产主义奋斗终身，随时准备为党和人民牺牲一切。""奋斗终身"就是要坚守信仰终身，无论年龄增长，还是职务提升，为理想而奋斗的信念都不能动摇。理想信仰确定之后，就要作为一生的追求，以坚忍不拔的政治定力，始终奔着共产主义理想去，永不犹豫彷徨，永不偏离方向；无论面临的考验多么严峻，始终对党忠贞不渝，一辈子做党的信仰的坚定追随者，一辈子听党的话、跟党走。

第七章

以敢于担当诠释忠诚

担当是检验党员干部忠诚度、使命感和事业心的“试金石”。有多大担当才能干多大事业，尽多大责任才会有多大成就。新时代是奋斗者的时代，面对新考验，更需要有舍我其谁、愈难愈奋的担当精神。党员干部应当争做敢于负责、勇于担当的表率，养成担当的习惯，锤炼担当的意志，树立担当的作风，提高担当的能力，以对党、对人民、对历史高度负责的精神，面对大是大非敢于亮剑，在难题面前勇于开拓，在矛盾面前敢抓敢管，在风险面前敢担责任，切实做到敢担当、能担当、会担当，真正肩负起时代赋予的伟大使命。

一、以担当体现忠诚，以实干践行使命

忠诚的要义是担当。党的事业、人民的事业，是靠千千万万党员的忠诚奉献而不断铸就的。忠诚是行动，而不是口号。敢于担当的精神，体现着党性，检验着忠诚，映照着灵魂，考量着品行。党员干部对党忠诚，就要以担当诠释忠诚，以实干践行使命。

从本质上讲，敢于担当是党员干部的基本从政准则和职业操守，是服从党的决议必须具有的行动。敢于担当是党员干部是否忠于党、忠于祖国、忠于人民的直接反映。

敢于担当是对党忠诚的重要特征。对党忠诚，在不同历史时期有不同的特征。革命战争年代，党员干部对党忠诚更多地体现在血洒疆场、坚贞不屈、慷慨就义上。进入和平建设时期，随着党所处历史方位和执政环境变化，没了烽火硝烟的艰苦磨砺、少了生死存亡的严峻考验，体现党员干部对党忠诚的特征也在发生变化，担当精神已成为党员干部是否对党忠诚的重大考验和实际检验。这个时期是否对党忠诚，既体现为工作中的敢做敢当、锐意进取，也体现在事关中国特色社会主义前途命运的大是大非面前坚定不移，在改革发展稳定工作中敢于碰硬，在全面从严治党上敢于动真，在维护国家核心利益上敢于针锋相对，等等。这些新的特征，正是新的历史条件下对党忠诚的最好诠释。

敢于担当是对党忠诚的检验标尺。实践是检验真理的唯一标准。对党忠诚，毫无疑问应落实到实践上，经受住实践的检验和印证；经不起实践检验的对党忠诚，只能是假忠诚、伪忠诚。从实践中看，党员干部面对大是大非是态度暧昧还是敢于亮剑，面对矛盾困难是迎难而上还是退缩不前，面对危机是挺身而出还是保全自己，面对歪风邪气是坚决斗争还是一团和气，面对噪声杂音是人云亦云还是坚持斗争，都是评判识别对党忠诚的重要标尺。从这个意义上讲，是否敢于担当是检验和甄别党员干部对党忠诚与否的试金石。

敢于担当是党员干部的职责要求。敢于担当，这既是政治品格，也是从政本分。敢于担当，要成为新时代党员干部素质的最突出特征。权力就是责任，责任就要担当。有多大的担当才能干多大的事业，尽多大的责任才会有多大的成就。担当精神体现着党员干部的党性和觉悟，体现着党员干部的胸襟和勇气，也决定着党员干部履行职责、发挥作用的大小。对党员干部来说，责任无处不在，担当义不容辞，必须做到守土有责、守土尽责，遇到事情就要担责、负责，出了问题还要追责、问责。对职责范围的工作不认真负责，就不是一个称职的党员干部，就没有资格做领导工作。党的根本宗旨是全心全意为人民服务，党的干部就应当以身作则，敢于担当。

应该看到，党的干部队伍总体是好的，大多数党员干部锐意进取、改革创新，攻坚克难、屡创佳绩，为改革开放和现代化建设作出了突出贡献。但毋庸讳言，也有的党员干部担当精神差，在履职尽责上存在着这样那样的问题。有的不敢负责，在其位不谋其政，习惯于混日子、保官帽，对职责范围内该定的事因怕担责而不敢拍板，该出面解决的事因怕冒风险而畏首畏尾、推诿扯皮、敷衍塞责，遇到矛盾问题绕道走；有的认为自己职权有限、能力有限，无力担当；有的当老好人，信奉多栽花、少栽刺的庸俗哲学，搞无原则的一团和气，怕惹麻烦、怕“丢选票”，对错误行为不抵制、不批评，任何得罪人的事情都不干；有的不思进取图安逸，干工作存在惯性思维，习惯于凭老经验、用老办法解决问题，解决群众反映强烈的热点难点问题办法不多，化解长期积累下来的矛盾投入精力不够；有的明哲保身，不求有功、但求无过，平平安安占位子、庸庸碌碌混日子；还有的党员干部借口党纪党规要求严了、紧箍紧了，为自己不担当、不作为找理由，该抓的事不抓，该管的事不管。

如果这种不敢担当、不愿担当、不会担当的“老好人”“官油子”“墙头草”多了，党和人民的事业，还怎么向前推进？发展的关键期，又如何攻坚克难？正是从这个意义上讲，敢于担当，是今天党员干部必须具备的基本素质，也是衡量好干部的重要标准。

群众评价一个党员干部是不是对党忠诚、对人民负责，主要看敢不敢担当，有没有作为，出没出实绩。面对问题是否敢于担当是一名共产党人是否忠诚的试金石。不担当，半点儿忠诚都没有。一个党员干部如果没有担当，不能尽职履责，本职工作都干不好，就算是浑身上下戴满了党徽，手抄党章千遍万遍，又哪里真正是对党忠诚呢?

担当精神是为政之德的基本要求。不担当，往轻里说，是不兑现承诺；往重里说，是逃避责任。当前，我国社会主义现代化建设取得了举世瞩目的伟大成就，我国已经进入社会主义新时代。与此同时，全球治理体系面临深刻变革，我国经济社会发展中长期积累的深层次矛盾和问题日益凸显，改革进入深水区和攻坚期，党面临着“四大考验”“四种危险”。党的十九大提出，面对世情国情党情的深刻变化，我们党必须带领全党全军和全国各族人民进行伟大斗争、建设伟大工程、推进伟大事业、实现伟大梦想。对广大党员干部来说，责任无处不在、担当义不容辞。

进行伟大斗争、建设伟大工程、推进伟大事业、实现伟大梦想，克服前进道路上的各种艰难险阻，党员干部要有四种担当：一是坚定不移、矢志不渝的政治担当。增强“四个意识”，做到“两个维护”，在思想上政治上行动上自觉同党中央保持高度一致，坚决维护党中央权威；无论面对怎样的艰难险阻，都应该始终做党的路线、方针、政策的坚定维护者和执行者。二是攻坚克难、敢闯敢拼的改革担当。始终高举改革开放旗帜，坚决贯彻中央关于全面深化改革的决策部署，积极进取、主动作为。三是全心全意、无私奉献的为民担当。时刻牢记党的根本宗旨，时刻把人民群众放在心中最高位置，多做顺民意、谋民利、惠民生的实事，扎扎实实解决好人民群众最关心、最直接、最现实的利益问题。四是夙夜在公、恪尽职守的责任担当。把高标准履职尽责作为基本要求，无论身处何种岗位、担任何种职务，都要坚持原则、忠于职守，做到守土有责、守土负责、守土尽责。

党员干部对党忠诚，就必须把使命扛在肩上、把责任刻在心上，敢于负责、勇于担当、善于作为，把全部心思和精力都用在干事创业上。尤其是领导干部，要有政治担当、责任担当、历史担当，面对大是大非敢于亮剑，面对矛盾敢于迎难而上，面对危机敢于挺身而出，面对失误敢于承担责任，面对歪风邪气敢于坚决斗争，走在前列、笃志躬行、率先垂范，用铁的肩膀扛起担负的责任和使命，创造出经得起实践、人民、历史检验的实绩，彰显共产党人竭诚奉献、担当有为的鲜明品格。

二、心中有责勤于事，恪尽职守敢担当

心中有责，“责”就是责任，责任就是担当，没有责任感的人，就不会有高度自觉的道德自律，就会在承担责任的工作中，玩忽职守，偷工减料，偷奸耍滑，甚至尸位素餐，就不可能真正有所作为。坚持心中有责，就是要敢于担当，认真履责。

树立责任心是做好本职工作的前提。无论我们做什么事，若是没有责任心，必定是做不好的。梁启超曾说：“凡属我应该做的事，而且力量能够做得到的，我对于这件事便有了责任。凡属我自己打主意要做一件事，便是现在的自己和将来的自己立了一种契约，便是自己

对于自己加一层责任。”[①]有了责任心才能担当，自觉把岗位职责、分内之事铭记于心，知道该做什么、怎样去做；有了责任心才能尽职，一心扑在工作上，有没有人看到都一样；有了责任心才能进取，不因循守旧、墨守成规、原地踏步。

责任心是一种想要干好工作的状态。凡是责任心强的人，都有一种干好工作的强烈愿望。只有想干事，才能去干事、干好事；只有牢记责任，才能谈得上尽心尽力。一个人能力有大小，但有了责任心，就会有战胜困难履行职责的强烈使命感，就会有进取和勤奋工作的热情。有什么样的态度，就会有什么样的工作干劲、工作举措，进而达到什么样的效果。没有做不好的工作，只有不负责任的人，责任能让人战胜懦弱，责任能够使人变得勇敢和坚强。

勇于负责，是党员干部的应有之义。职务意味着责任，权力意味着压力。而且职位越高、权力越大，肩上的责任就越重。有职务没有责任，有权力没有压力的好事应该找不到。享受一定的权利，必须尽到相应的责任；尽到一定的责任，才能享有相应的权利。干部就要干事，当官就要担责。所以，敢于承担责任既是对一个党员干部的起码要求，也是一个好干部必须具备的政治品格。党员干部应当心中有责，勇于负责，积极履行自己的职责，完成自己承担的使命，做好自己的本职工作。

责任只有轻重之分，而无有无之别。党员干部是各项事业的组织者、实施者和执行者，职务有高低，但各自的责任不仅关乎个人，更关乎一项工作的落实，一个窗口的形象，还可能关乎一个地方的

---

① 梁启超：《最苦与最乐》，《梁启超谈修身》，百花洲文艺出版社 2019年版，第166页。

发展、一方百姓的福祉。责任与机遇成正比，“良农不为水旱不耕，良贾不为折阅不市”。如果有责缺少担当，在位不在状态，就会错失机遇、耽误进程，干不出成绩，打不开局面。

敢于担当，就要忠于职守、敬业奉献、奋发有为，做到守土有责、守土尽责。邓小平同志在南方谈话中最后一句话讲道：“我们肩膀上的担子重，责任大啊！”[①]这句话意味深长，实际上是对我们党、对党的干部的政治交代。共产党的干部、人民的干部就应当勤政敬业、先之劳之、以上率下，用铁的肩膀扛起应该肩负的担子。现在，随着各种制度的完善，有些人发出“为官不易”的感叹。其实，“为官不易”是正常的，做官容易了、轻松了反而不正常。做人民的公仆，就要多一份责任、多一份辛劳、多一份担当。为官不为是官之耻辱，为官有为才是官之本分。如果只想当官不想干事，只想揽权不想担责、只想出彩不想出力，是没有资格做领导工作的。

做官表现为做事，做职务要求的事，做上级分配的事，做群众期盼的事，做职业道德该做的事。做官不做事，等于没做官，等于枉做官。荀悦在《申鉴·政体》中说：“治世所贵乎位者三：一曰达道于天下，二曰达惠于民，三曰达德于身。”《治心经·诚心》中有这么一句话：“以苟活为羞，以避事为耻。”“避事”而不积极干事，“躲事”而不认真处事，在其位不谋其政，任其职不尽其责，当是最大耻辱。封建官吏尚且有如此高的境界，当代党员干部理应把能干事、敢担当、有作为当作立身之本、为政之要。

---

① 《邓小平文选》第3卷，人民出版社1993年版，第383页。

“在其位，谋其政。”事实上，一个党员干部在什么岗位、任什么职务，就要履行什么样的职责，这是最起码的要求。只有心中装着责任、眼睛盯着责任、事事想着责任、处处尽到责任，才能把该干的工作干好，把该管的事情管好，把该落实的任务落实好。

责任无处不在，知责才能思为。任何一个人，只要充当了某种社会角色，就逃不脱责任的约束。一个普通公民，应当履行公民的权利和义务；一名党员，应该按照党章党规尽好自己的义务和责任，严格要求自己；一个领导干部，应该对党和人民负有重要责任。从公民到党的领导干部，不只是身份的变化，更是责任加重，职务越高责任越大，地位越重要责任也就越大。在其位，谋其政，负其责，这是对领导干部最基本的要求。因此，领导干部要不断增强责任意识、使命意识和忧患意识，做到认真负责，尽职尽责。

党员干部在工作上的担当，就是想干事、能干事、干成事，涉及愿望、能力、效果等诸多因素，但最重要的，是要带着责任感做事。责任感可以驱使人们时刻思考应承担什么责任、如何履行责任、是否尽到责任。以责任感做事，做事就有了动力，有了积极性和主动性，也容易产生务实的精神和扎实作风。

正确认识所从事的工作。一个人的责任感源自对所从事的工作意义和价值的认可。有了责任感，就会内生出一种“要我干”为“我要干”的自觉，就会有“坐不住”“闲不下”的紧迫感，就会全身心地投入，会急着干、争着干，就会时时刻刻“脑中有事，眼里有活”，甚至会寝食不安。责任感是“驱动器”，是“动力源”，始终把使命牢记心中，把责任举过头顶，把只争朝夕的紧迫感扛在肩上，就会一丝不苟、精益求精地把工作做好做精、做周全。以责任感做事，最重要的是端正做事的动机和目的。做工作不是为了沽名钓誉，不是为了谋求一己利益，不是为了迎合献媚，不是为了营造政绩，而是为了履行责任，造福他人。

热爱自己的本职工作。工作无小事，要干一行爱一行。如果一个人没有责任心，对工作就不会有激情和动力，那么他在工作中获得的就不是快乐，而是痛苦。大多数人所做的工作都是平凡而枯燥的，因为在日常工作中所要面对的问题更多、更复杂，但只要有责任心，就会很认真地对待自己的工作，才会一心一意扑在工作上，充分享受工作带来的乐趣。

要有爱岗敬业的精神。敬业体现了一种事业追求，一种勤恳态度，更体现了一种可贵的事业心和责任感。党员干部无论担负什么职责，承担什么任务，都要尽自己最大努力，拿出最高的标准。负责是党员干部为官从政应有的品格，组织把我们放在一个岗位上，负责有关工作，就要对组织负责，对单位负责，始终有责任重如山的境界和积极负责的精神，在其位谋其政，真正承担起这份责任，履行好应尽的义务，干一行爱一行、钻一行精一行，始终以一丝不苟的态度对待每一项工作、每一件事情，兢兢业业、精益求精地做好每项工作，对职责范围内的工作和组织赋予的任务，任劳任怨、尽心竭力去做好，确保高标准高效率完成。

积极主动地做好工作。有了积极主动的态度，才能够胸怀使命，牢记职责，主动积极进取，尽心尽力干好事业；才能够凝心聚力，真抓实干，不断推动事业蒸蒸日上。凡事既遵循客观规律，又注重发挥个人的主观能动性，谋划在先，行动在先，敢想敢干，才能在机遇面前抢占先机。对于正常的工作或上级交代的任务，不能只满足于说了、抓了、管了，而不问效果如何，更不能借口条件受限等客观原因，有问题不去积极寻求解决办法，必须不讲条件、不找理由、不打折扣，坚决落到实处、执行到位，积极化解矛盾、克服困难，争取最佳效果。

干部就是先干一步。当干部不仅仅是个待遇，更多的是责任，对上是党组织的信任和布置的任务，对下是人民的重托。时刻牢记自己的使命和职责，牢记组织和群众的重托，自觉把岗位职责、分内之事铭记于心，该做什么、怎么去做，及早谋划、未雨绸缪；以高昂的状态、创新的姿态、务实的作风，殚精竭虑，孜孜不倦，鞠躬尽瘁，立足本职岗位，尽心尽责，一心扑在工作上，有没有人看到都一样，做到不因事大而难为、不因事小而不为、不因事多而忘为、不因事杂而错为，认真抓好各项工作的落实。

三、大事难事看担当，攻坚克难敢拼搏

“大事难事看担当。”这里的“大事难事”，不仅指个人的大事、难事，更指国家、社会的大事、难事。在国家大事、社会难事面前，是退避三舍，还是担起责任、勇于攻坚、化难为易，不仅能看出一个人能力的大小、境界的高下，也决定着一个党员干部最终是否有所作为。

杜甫在《奉送严公入朝十韵》中说：“公若登辅台，临危莫爱身。”挑担子、负责任正是党员干部的应有之义。“当官遇事不担当，不如回家挑箩筐。”特别是面临大事难事，党员干部更要挺身

而出，该做的事，顶着压力也要干；该负的责，迎着风险也要担，不能因为怕出错而不愿干事、怕麻烦而不愿抓事、怕吃亏而不愿揽事。

在日常工作中，很难看出一个人的担当；当面临大事或难事的时候，就可以看出一个人的担当。如果一个党员干部能够在艰难危险的时候挺身而出，或者是在紧要关头承担大任，那么就肯定会成为更多人的精神支柱，也往往会被大家所信服和拥戴，从而树立威望，推动工作。

在新冠肺炎疫情这场史无前例的大考面前，各级党组织和广大党员干部用实际行动向党和人民交出了一份合格的答卷，但也有少数党员干部没有考及格甚至交了“白卷”。习近平总书记在统筹推进新冠肺炎疫情防控和经济社会发展工作部署会议上明确指出：“总体看，在抗疫斗争中我们的干部队伍是好的，是经受住考验的，但也有少数干部表现不佳甚至很差。有的不敢担当、不愿负责，畏首畏尾，什么都等上面部署，不推就不动；有的疲疲沓沓、拖拖拉拉，情况弄不清、工作没思路；有的敷衍应付、作风飘浮，工作抓而不细、抓而不实，仍然在搞形式主义、官僚主义；有的百般推脱、左躲右闪，甚至临阵脱逃。这些都是对党对人民极端不负责任的，决不能容忍！必须坚决纠正！”[①] 习近平总书记这番话，一言中的，振聋发聩，引人深思。

实践表明，担当大小，体现着党员干部的胸怀、勇气、格调，有多大担当才能干多大事业。担当，代表着“在其位、谋其政”的

---

① 习近平：《在统筹推进新冠肺炎疫情防控和经济社会发展工作部署会议上的讲话》，《人民日报》（海外版）2020年2月24日。

履职尽责，也体现着“先天下之忧而忧，后天下之乐而乐”的胸怀；担当，既代表着“知其难为而为之”的执着理想，也体现着“明知山有虎，偏向虎山行”的无畏勇气。真正的好干部，应具备敢于探索、敢于实践、敢于负责、敢于担当的精神。沧海横流，方显英雄本色；挺身而出，方能力挽狂澜，成就一番事业。党员干部只有牢固树立“责任重于泰山”的意识，敢想、敢做、敢当，“事不避难、义不逃责”，才能忧党忧在深处、担当担在难处、守土守在实处。当前，党员干部特别是领导干部要在以下几个大事、难事面前敢于担当。

一是在事关群众根本利益的重大问题面前要敢于担当。在重大问题上大家意见不统一，甚至是反对意见占上风的时候，不能随波逐流，要敢于坚持正义，要坚决维护群众利益。“文化大革命”之后，邓小平同志大刀阔斧地拨乱反正，否定了“两个凡是”的错误方针，在全党号召要全面公正客观地评价毛泽东思想，在把握大是大非的理论和路线问题上体现了非凡的勇气和魄力。

民生问题抓得好不好，关键是看党员干部能不能不畏艰难，直面老百姓最关心、最迫切需要解决的大事难事，关键是看党员干部能不能每年都解决几件矛盾错综复杂、利害纠缠其间、解决起来费心费力的大事难事。解决百姓最期待的大事难事，要求党员干部能够把执政的视角和百姓的视角完全统一起来，只要是老百姓眼中的大事难事，就是自己眼中的大事难事，不管事情有多难，都要敢于担当。要把工作重点放在狠抓落实上，定下的事雷厉风行，看准的事一抓到底，尽快把计划、目标、任务落实到具体、实在的行动中，变成有形的、有数的、有内容的项目和实实在在的发展成果。

当然，处理大事难事，不仅难度大，而且风险也大，弄得不好，会影响自己的政绩，危及自己的仕途。所以，这就需要党员干部有“大忠诚”意识，敢于“舍得声誉”，“功成不必在我”，真正把党的利益、国家的利益、人民的利益放在小我之上，党和人民的事业才有前途。

二是在攻坚克难的改革面前要敢于担当。改革越向纵深推进，遇到的难题越多。是知难而进，还是畏葸不前，检验着党员干部的责任担当。今天推进全面改革，就是进行一场深刻的利益调整，必然会涉及一些部门和小团体的利益，必然会触碰一些深层次的矛盾和问题。面对利益调整，是刀刃向内，以实际行动喊响“看我的”“跟我来”，还是口头拥护、行为拒绝？因此，这就需要党员干部要有勇于自我革命的勇气，需要舍我其谁的担当。切实担负起推进全面深化改革的历史重任，党员干部必须有强烈的进取意识、机遇意识、责任意识，敢于吃螃蟹、涉险滩、破藩篱，探盲区、辨误区、闯难区；必须有自我革新的勇气和胸怀，勇于跳出条条框框限制，正确处理中央和地方、全局和局部、长期和当前的关系，把党中央决策部署与当前实际有机结合起来，创造性地开展工作，勇于担当、奋发有为，不断把各项改革引向深入；必须敢负责、勇担当，动真格、用实功，以深入研究和解决影响改革发展的重大问题和群众反映强烈的突出问题为导向，抓住主要矛盾和矛盾的主要方面、重要领域和关键环节，有重点、有步骤、有秩序地推进改革，努力实现改革发展稳定的有机统一，使改革稳中求进、蹄疾步稳、取得实效。改革工作千头万绪，对一些重大改革，各个层面协调难度大的，党员干部要敢于接烫手山芋，加强统筹协调，做好思想政治工作，才能营造良好氛围，为改革逢山开路、遇水搭桥。

三是在复杂的矛盾面前要敢于担当。矛盾问题面前，最能考验党员干部的担当精神。只有始终把群众的疾苦放在心上，把党的事业扛在肩上，才能做到问题面前不回避、压力面前不躲闪、困难面前不推脱、挑战面前不畏惧，才能做到平时工作看得出来、关键时刻站得出来、危急关头豁得出来。当前，我国正处于经济转型关键期、深化改革攻坚期、社会矛盾凸显期，老问题与新问题相互交织，不同领域矛盾相互叠加，躲不开也绕不过。如果党员干部抱着“宁可不干事，千万别出事”的心态，存在“等靠要”的想法，坐看矛盾问题积累恶化，最终势必造成无法弥补的损失。面对工作中的具体矛盾，要勇于负责，努力找到化解矛盾的具体办法，决不能在挑战面前缴械投降；要敢于到困难大、矛盾多的地方去解决问题，到群众意见大、怨气多的地方去化解矛盾，到工作难开展、情况很复杂的地方去打开局面。

四是在危机和急难险重任务面前要敢于担当。在急难险重的任务面前，有敢为天下先的勇气和魄力，有完成任务的决心和毅力，这就是担当精神。尤其是当站在风口浪尖时，更能看出一个人的责任感、使命感和一种勇于担当的气度。面对危机要敢于挺身而出，不回避、不推诿、不扯皮，主动靠前请命、勇挑重担，为党分忧、为民解难。古人云：“危身奉上，险不辞难曰忠。”

在各种困难和危机考验面前，党员干部要敢于挺身而出、迎难而上，真正成为带领人民群众战风险、渡难关的主心骨。党员干部敢于担当，不仅要体现在平时工作中，更要体现在紧急关头上。党员干部应提高应对危机的能力，遇到紧急情况时，果断决策、科学决策，不能优柔寡断、患得患失，更不能像鸵鸟一样藏头缩尾；遇到大灾大难时，第一时间赶赴现场，临危不惧、靠前指挥，不能躲闪回避、贻误时机；遇到突发群体性事件时，及时稳控局面，抓紧研究解决办法。

党员干部要弘扬共产党人的担当精神，以解决问题为己任，在解决问题中集聚事业发展的正能量。要坚持以解决问题为工作导向，瞄着问题去，追着问题走，把化解矛盾、破解难题作为履职尽责的第一要务。要始终坚持守土有责、守土负责、守土尽责，碰到难题敢于触及，遇到矛盾主动解决，想方设法把问题化解在萌芽状态，解决在职责范围之内，决不能敷衍了事、上交矛盾。要对照形势发展的新要求，抓紧解决关系本地区本部门本单位长远发展的重大问题，切实完善薄弱环节，努力开创事业发展新局面。要对照人民群众的新期待，抓紧解决工作中存在的损害人民群众利益的突出问题，更好地让人民群众共享改革发展成果。要坚持原则，敢于较真碰硬，敢于同各种歪风邪气作坚决斗争，善于从习以为常的现象中发现思想作风方面存在的倾向性、苗头性、潜在性问题，坚决及时纠正，防患于未然。

四、面对失误敢认账，勇于担责不推卸

勇于担当，不只是一句表态，更是面对困难和挑战、遇到失误和问题迎难而上的具体行为。一个党员干部，只有不谋私利，才能谋根本、谋大利，才能不掩饰缺点、不回避问题、不文过饰非。人非圣贤，孰能无过？出现失误不可怕，可怕的是掩饰失误、推卸责任，

不能思其过、改其行。党员干部不能有了成绩都归自己，出了问题就推给他人。

面对失误敢于承担责任是事业发展的客观需要。如何科学应对长期复杂的“执政考验、改革开放考验、市场经济考验、外部环境考验”，如何有效防范和化解“精神懈怠危险、能力不足危险、脱离群众危险、消极腐败危险”，如何进行具有许多新的历史特点的伟大斗争、全面推进党的建设新的伟大工程、推进中国特色社会主义伟大事业、实现中华民族伟大复兴，是当代中国共产党人必须直面的重大课题。破解历史和现实难题，唯有啃硬骨头、涉险滩。攻坚克难难免会有错误，这就迫切需要党员干部有在错误面前敢于承担责任的担当精神。

面对失误敢于承担责任是加强干部队伍建设的重大课题。随着全面从严治党向纵深发展，党风政风焕然一新。然而，在中央“八项规定”等禁令和反腐败的高压态势之下，干部队伍中仍存在四平八稳的“太平官”、因循守旧的“平庸官”、逃避责任的“圆滑官”。这些“问题官员”的共同特点是不想、不能、不愿做到面对失误敢于承担责任，顾虑“洗碗越多，摔碗越多”，面对问题绕着走，这与保持党的先进性和纯洁性的要求、与党员干部的公仆角色格格不入。如何强化党员干部面对失误敢于承担责任的担当精神，已成为干部队伍建设的一项重大课题。

面对失误敢于承担责任是衡量党的好干部的重要标尺。当今改革大潮，是前无古人的事业，许多工作都无现成经验可以遵循，必须经过大胆探索实践，在没有路的地方走出一条路来。既然是探索，就要付出代价，失误就不可避免。尤其是勇于改革的开拓型干部，处在改革的风口浪尖上，往往成绩突出，错误也突出。党员干部能否面对失误敢于承担责任，是对其在失误面前是否真的愿担当、能担当、会担当、善担当的全面检验，也是对党员干部胸襟、品行、能力、素质的综合考量。

面对失误敢于承担责任，是对自己言行事实的一种确认，也是对既成事实的一种态度。然而，现实工作中当领导的不认账现象还是屡见不鲜。有的喜欢争功诿过，见成绩和荣誉争着往前拱，一味往自己脸上贴金、往功劳簿上“贴花”，热衷于向上表功邀功，而对于工作中的毛病、问题和不足，讳莫如深，或闪烁其词、虚晃一枪；有的对之前的表态和承诺，语焉不详，只字不提，似乎压根就没有说过；有的出了责任事故时，第一反应是搞“封口”“统一口径”，急着灭火而不是救火，忙着撇清，或找人代过、推给他人，避之唯恐不及；有的对于决策失误，一味归咎于客观，对自身造成的过失、过错死扛硬撑，最后拍屁股走人。

面对失误不认账、不担责，是有的党员干部不作为的反映，是一种不良习气。不认账，无非是“怕”字当头。一怕失面子，觉得认账会在部下、同事、媒体和社会上失去作为党员干部的尊严和体面，有损自身形象，感到很难看；二是怕打板子，害怕认账会脱不了干系，被问责追责，挨批评、受处分，惹火烧身；三怕丢帽子，担心认账后位子保不住，饭碗被砸了。怕这怕那，说到底是私心作怪。只考虑自己利益得失，却忘了人民利益取舍；只顾及自己面子是否受伤，却不管党的形象是否受损。

“言必信，行必果。”当干部就要说到做到，没做到的就公开承认，讲明情况、讲明原因，这本没什么大不了的事情。“一捂二瞒三掩盖”的结果适得其反，甚至欲盖弥彰，越捂越捂不住，越盖越被揭盖子。认账，说白了就是有人出来担这个责任，说话算数。延安时期，毛泽东同志有一次曾当众脱帽、鞠躬担责，他在延安党校礼堂开会时说：“党校就犯了许多错误，谁负责？我负责，因为我是党校的校长。整个延安犯了许多错误，谁负责？我负责，因为发号施令的是我。”[①]当领导干部的就是要不避事、不推诿、敢担责，认账就是最好的担当和负责。

随着经济转型任务日益加重、社会治理难度不断加大，在探索创新的过程中难免会出现失误。在这种情况下，党员干部要主动负起责任，积极稳妥地解决，不能上推下卸，不能回避问题、上交矛盾，更不能干那些有了功劳抢得很快、有了成绩表功卖好、有了矛盾和问题诿过于人的事。要正确对待失误，不能因怕丢面子而丢了里子，不能用一个错误去掩盖另一个错误，而应主动承认失误、及时加以改正，把纠正失误、总结教训的过程作为成长进步的阶梯。

敢作敢为，不怕出错。“金无足赤，人无完人”，任何政党或个人想要完全做到不犯错误是根本不可能的。作为党员干部，就要心底无私、克己奉公，敢闯敢干，不计个人得失，敢于承担大事、棘手的事、得罪人的事、易出差错的事，在矛盾面前敢抓敢管、敢于碰硬，在难题面前敢闯敢试、敢为人先。对于应该完成的任务，顶着压力也要干，对于应该攻克的关口，冒着风险也要拼。

直面失误，敢于认错。“君子之过也，如日月之食焉：过也，人

---

① 参见中共中央文献研究室、中央档案馆编：《建党以来重要文献选编（1921—1949）》第22册，中央文献出版社2011年版，第37页。

皆见之；更也，人皆仰之。”知错能改需要勇气，面对失误敢负责也是担当。党员干部既要有建功立业的抱负，也要有直面失误的胸怀。揽功诿过是做人做事的大忌，决不能有了成绩都归自己、出了问题就推给他人。现在，每个党员干部肩上都有千斤重担，人人都有可能出现这样那样的失误。面对失误，要从自身找原因，主动担起责任。要以直面失误的坦荡胸怀，不退缩、不推诿、不躲闪，勇于正视错误，勇于担当责任。

知错能改，勇于纠错。“人谁无过，过而能改，善莫大焉。”干事难免会出错，关键是能够及时改正错误。作为党员干部，面对失误敢于承担责任，就要有改正错误的行动。自觉以革命前辈为榜样，自觉增强面对失误敢于承担责任的能力，自觉把从失误中吸取教训的过程视为检验和提升能力和素质的过程，善于把失误失败的教训转化为加强党性锻炼、创新推动工作的宝贵财富和不竭动力，勇做时代的劲草真金，不辜负组织和群众的重托。

党员干部特别是领导干部，面对失误、遭遇挫折的时候，一方面，表现为努力承担自己的本职工作，并对自己的行为负责；另一方面，还应积极地为下属承担责任，因为下属犯错也有上司的一份责任，或决策不科学，或指导不到位，或疏于监督等。即使没有明显的错误，作为领导干部，也有监督不力的失职之责。这个时候，应该做的是大胆地站出来，勇敢地为下属承担责任，与他们一起研究犯错的前因后果，然后想办法弥补过错、挽回损失。当然，这样做不是不顾是非、不讲原则。是谁的责任一定要调查清楚，是什么性质的问题也要界定清楚。该批评的必须严厉批评，但在进行组织处理的时候，应该从挽救人、教育人的善意出发。人心都是肉长的，哪位领导干部为下属的过失承担过责任，犯错的同志心里都有数，周围的同志心中更有数。只有领导敢于为下属担当，才能让下属打消顾虑、放开手脚，勇于承担、冲锋陷阵，才能最大限度地调动下属的积极性。这样的领导干部，在他承担责任、解决问题的同时，也会深深赢得下属的尊重、敬佩和爱戴。

五、锤炼担当的能力，夯实担当的底气

能力是敢于担当、善于担当的基石。党员干部要敢于担当、善于担当，要培养过硬的本领，锤炼担当的铁肩膀，夯实担当的底气。

责重山岳，能者当之。敢于担当是一种能力，需要有底气。“打铁必须自身硬，铁肩方能担道义。”没有动真碰硬的底气和本领，自然谈不上坚持原则、敢于担当。党员干部不仅要为人正派、坚持原则、明辨是非，做到不徇私情、不畏权势、不怕邪气；还要与时俱进，善于学习、增长才干。唯有炼就“政治上靠得住、工作上有本事、作风上过得硬、人民群众信得过”的“金刚不坏之身”，肩膀硬、腰杆直，才能切实做到敢担当、能担当、善担当。

欧阳修说：“以令率人，不若身先。”凡事不能率先垂范，不敢说“我先打头阵”，而是手电筒照人，宽以待己，严于律人，偏偏自己就有遍体的软肋、硬伤和死穴，天天有人在背后戳脊梁骨，说话办事自然就硬气不起来，这样的人只能让人看低看轻看不起，又如何能让人信任信服、让人心服口服？怎么能振臂一呼，应者云集？当然也就没有了担当的资格和底气。

只有自己炼就金刚不坏之身，才能有敢于担当、勇于担当、善于担当的底气和胆气，才有敢于担当的资本。敢于担当是一项重要的素质，体现为党员干部的内在修养。敢于担当是一种境界。古人云："为天地立心，为生民立命。"党员干部应当把敢于担当作为内心深处的价值追求和自觉实践。但是，锻造敢于担当的品格，非一日之功，需日积月累磨砺。

古人云："政善治，事善能。"能够直面问题勇担当，归根结底取决于党员干部的能力和素养。现在形势发展变化很快，不熟悉、不了解的东西越来越多，面临问题的复杂程度、解决问题的艰难程度远远超过以往，新办法不会用、老办法不管用、硬办法不敢用、软办法不顶用，党员干部"本领恐慌"问题十分突出。大多数党员干部都有做好工作的真诚愿望，也有干劲，但由于缺乏本领，结果是虽然做了工作，有时候也很辛苦，但不是不对路子，就是事与愿违，甚至搞出一些南辕北辙的事情来。认识好、解决好问题，唯一的途径就是增强本领。在纷繁复杂的问题面前，党员干部要有克服"本领恐慌"的紧迫感，不断提高驾驭问题、解决问题的能力。

党员干部会干事、能成事，就是要有能力、有水平。"适千里者，三月聚粮。"千里之行尚需三个月来聚集粮草，新时代党员干部担当的使命何止"千里"，自然需要更丰厚的积淀。要下大气力苦练内功，提升履职尽责能力，自觉加强学习，不断积蓄力量，做到厚积薄发；注重实践培养，从做好手头工作开始，把完成好每一项任务作为提升能力、锤炼意志的阶梯。

一是夯实敢于担当的理论基础。只有理论上清醒，才能政治上坚定、方向上明确、行动上自觉。如果理论上不清醒，遇到复杂问题就会迷失方向，甚至被错误的东西所俘虏。重视抓好学习，是推动党和人民事业发展的基本经验，也是强化责任担当意识和能力的重要途径。

要增强理论学习的紧迫感，有终身学习理论的自觉性，把系统掌握马克思主义基本理论作为看家本领。要切实加强对习近平新时代中国特色社会主义思想的学习，进一步深刻理解和掌握贯穿其中的马克思主义立场、观点、方法，不断提高政治素养和运用科学理论分析解决问题的能力，进一步坚定道路自信、理论自信、制度自信、文化自信。对“四个自信”一定要刻骨铭心，自信才有力量，自信才能担当。

要树立终身学习意识，大兴读书学习之风，“坚持学习、学习、再学习，实践、实践、再实践”。党员干部要把学习作为政治责任，多想一想工作之余应该干些什么，从而把更多的时间和精力用在学习上。坚持干什么学什么、缺什么补什么，广泛学习经济、政治、文化、社会、生态等各方面的知识，要带着问题学习，对照遇到的问题找知识上的不足、找能力上的差距，不熟悉的东西要努力去掌握，通过学习缩小差距、补齐短板，不断丰富知识储备、完善知识结构，打牢履职尽责的知识基础。

二是增强敢于担当的能力支撑。担当需要勇气，也需要本领支撑。担当是一种胸襟，也是一种能力。俗语说：“没有金刚钻，不揽瓷器活。”如果说起来头头是道，干起来稀松平常，能力缺失，担当无方，也就谈不上担当，所谓担当也就成了一种作秀和乏力的一腔热血，就会失去群众的信任。艺高人胆大，有了硬本领才能真担当，否则就是盲目的担当。胸中无数，不知所措；举措有力，事半功倍。

没有真本事、真本领，勇于担当的结果可能会事与愿违，甚至酿成大祸。

担当需要智慧。敢担当不是蛮干，而是科学地担当、智慧地担当。党员干部看问题比别人深一步，想办法比别人高一筹，抓工作比别人实一些，要积极应对发展过程中可能出现的新情况，处理矛盾讲究策略，解决问题注意方法，既要做到坚持政策不走样，体现原则性，又要灵活把握不教条，富于创造性，这就要求党员干部须下大气力苦练内功，提升履职尽责能力，真正把手头上的每一件事都做好。

敢于担当，广大党员干部必须切实增强“八大本领”，即增强学习本领，建设马克思主义学习型政党；增强政治领导本领，把党总揽全局、协调各方的领导核心作用落到实处；增强改革创新本领，善于结合实际创造性推动工作；增强科学发展本领，不断开创发展新局面；增强依法执政本领，善于运用法治思维和法治方式；增强群众工作本领，组织动员广大人民群众坚定不移跟党走；增强狠抓落实本领，把雷厉风行和久久为功结合起来；增强驾驭风险本领，勇于战胜前进路上的各种艰难险阻。党员干部只有切实提高这“八大本领”，才能不断提升履职能力，才能在精准施策上出实招，在重点突破上下功夫，在举措落实上见实效，学会巧干、精干、实干，把想干愿干的主观愿望同能干会干的操作能力紧密结合起来，切实把担当落到实处。

要到基层一线实践磨炼中提升本领、增强才干。刀在石上磨，人在难中练。党员干部要把想干愿干的主观愿望同能干会干的过硬能力结合起来，提高担当能力。要在矛盾多、困难大的岗位上经风雨、见世面，强素质、长才干，在急难险重任务中学真本领、练真功夫，在攻坚克难中涵养知难而进、逆流而上的胆识和气概，磨砺遇强更强、愈挫愈勇的坚韧；要知难而进，哪里困难大就到哪里去，哪里情况复杂就到哪里去，敢于涉险滩，敢于闯难关，敢于到应对重大挑战、抵御重大风险、克服重大阻力、化解重大矛盾、解决重大问题的斗争一线去历练、摔打、淬炼，真正在真刀真枪实践中厚植斗争底气、培养斗争精神，在大风大浪里丰富斗争阅历、增长斗争智慧。

三是营造敢于担当的良好氛围。在党员干部中弘扬责任担当精神，既需要党员干部加强自身修养，也需要营造良好氛围。要树立上级为下级担当、组织为干部担当、干部为事业担当的鲜明导向，旗帜鲜明地为担当者担当、为负责者负责。要完善干部考核评价机制，制定鼓励干部担当作为的考核办法，注重从履行岗位职责、执行重大任务、关键时刻表现等方面综合评价干部的德才素质，把履职和问责结合起来，把责任心和责任制统一起来，褒奖那些敢担当的干部，教育和调整那些得过且过的干部；健全容错纠错机制，让担当者近无虑、远无忧，卸下包袱、轻装上阵，用好的政策环境支持担当者、保护担当者、褒奖担当者。要广泛宣传埋头苦干、开拓创新的先进典型人物及事迹，大力倡导讲责任、讲担当的良好风气，积极营造崇尚担当、敬重担当的生动局面，真正使敢于担当成为党员干部的自觉追求，使勇担当、敢作为在干部队伍中形成风尚，使“个个都敢担当、人人都能担当”的风气越来越浓厚。

第八章

以严明纪律护佑忠诚

人不以规矩则废，党不以规矩则乱。对党忠诚，就要时刻严守党的纪律，用党纪护佑对党的忠诚。尤其要把遵守党的政治纪律和政治规矩摆在更加突出的位置，讲政治、顾大局、守纪律，在思想上政治上行动上同以习近平同志为核心的党中央保持高度一致，坚决维护党的集中统一，确保中央政令畅通；要牢固树立纪律意识、规矩意识，将敬畏党纪、遵规守纪作为从政之律、工作之纲、人生之镜，始终做到心有所畏、言有所戒、行有所止，争当守纪律、讲规矩的表率。

一、严守纪律规矩，捍卫对党忠诚

加强纪律、遵守纪律是党员干部忠诚于党的重要体现。忠诚于党和人民，忠诚于党的事业，需要有铁的纪律规矩来保障。

中国共产党是靠革命理想和铁的纪律组织起来的马克思主义政党。严明党的纪律，促进和推动了党的思想、意志和行动的统一，维护和保证了党的有机整体，使党保持着强大的生命力和战斗力。中国共产党自诞生之日起，就把理想和纪律写在自己的旗帜上，经过无数血与火的考验，不断从胜利走向胜利。

严明的纪律是党的政治优势，是不断从胜利走向胜利的可靠保证。纪律严明，无论是过去、现在还是将来，都是我们党的光荣传统和独特优势，是克服各种艰难险阻、战胜各种风险挑战的重要法宝，也是党不断从胜利走向胜利的力量所在。

从党百年的历史来看，严守党的纪律是党的建设过程中形成的一条重要经验，对于不断增强党的创造力、凝聚力、战斗力，确保党在革命、建设、改革时期领导各项事业的胜利和顺利发展发挥了重要作用。党的各级组织和全体党员严守党的纪律、自觉接受党的纪律约束，是党的重要优势，也是党始终保持先进性的重要保证。

党要管党、从严治党，靠什么管，凭什么治？就要靠严明的纪律。党已经拥有9500多万名党员，在一个幅员辽阔、人口众多的发展中大国执政，如果没有铁的纪律，就没有党的团结统一，党的凝聚力和战斗力就会大大削弱，党的领导能力和执政能力就会大大削弱。在开启全面建设社会主义现代化国家新征程，向第二个百年奋斗目标进军的新阶段，在全面从严治党的新形势下，做到对党绝对忠诚，既要靠坚定理想信念，也要靠铁的纪律作保证。日常工作、生活中，全体党员时刻严守党规党纪，就是对党绝对忠诚的具体体现。

党的纪律和规矩是党的各级组织、全体党员必须遵守的行为准则。守纪律是党章对党员的基本要求，讲规矩是党员对党忠诚的重要表现。能否严守纪律和规矩，是对党员干部党性的重要考验，是党员干部对党是否忠诚的重要检验标准。

对党员干部来说，坚持遵守党的纪律，一要自觉，二要坚决。要自觉，是因为党的纪律反映了全体党员的意志，建立在共同的理想信念基础之上，它是每名共产党员向党作出的庄严承诺；要坚决，是因为党的纪律是严肃的铁的纪律，是党的凝聚力和战斗力的重要保证，同时也是每个党员的“护身剑”。只有自觉把自己置于党纪的约束之下，严格遵守执行，才能使自己保持共产党员的先进性，始终朝着正确的方向前进。

党的纪律是党的各级组织和全体党员必须遵守的行为准则。对党员干部来说，纪律是“带电的高压线”；对党组织来说，纪律是生命线。只有守住了纪律，党员个人才能不触雷、不踩线，党组织才更有凝聚力、战斗力。每一个党员干部对党的纪律都要心存敬畏、严格遵守，任何时候任何情况下都不能违犯。党的各级组织和全体党员要坚决同一切违犯党的纪律的行为作斗争，使各项纪律真正成为党员身边“带电的高压线”、成为党组织的生命线。

对党绝对忠诚不是空洞的口号、高调的表态，必须落实到行动上，用行动来体现，以行动来检验。共产党不论在革命时期或执政时期，任何时候都必须坚持党的纪律。每时每刻、一言一行都必须严守党纪，这是对党绝对忠诚的前提和要义。

对党一辈子忠诚，最重要的是以严实要求律己修身，严守党纪党规不越线。习近平总书记反复强调党员领导干部要守纪律讲规矩，明确指出“加强纪律建设是全面从严治党的治本之策”。对党忠诚就必须严格遵守党纪党规，把它作为不可触碰的高压线、从政为官的基准线、政治生命的保护线。

党规党纪是党员干部思想言行的具体规范，是加强党的自身建设的有力抓手。党员干部严格遵守党规党纪，是对党绝对忠诚的直接体现。党的十八大以来，以习近平同志为核心的党中央审时度势，制定完善一系列党内法规，使管党治党从“宽松软”走向“严紧硬”，重塑了党内政治生态，使每一名党员都真真切切、实实在在地感受到党中央全面从严治党的坚强决心。党员干部要把党规党纪作为铁律来执行，真正从思想上、工作上、作风上严起来、实起来，永葆共产党人的政治本色，铸就对党绝对忠诚的政治品格。

对党忠诚要以铁的纪律为标尺。坚持严守纪律就是要严以律己，就是要心存敬畏、手握戒尺。俗话讲，没有规矩，不成方圆。党纪国法就是党员干部思想和行为的规矩，党纪既与国法存在一致性，又严于国法。因此，党员干部必须对党的纪律心存敬畏，必须把党的纪律作为手中的戒尺。自觉遵守党的纪律是共产党人应有的品格，是党员干部必须履行的义务，遵守党的政治纪律根本的是要遵守党章，核心是坚持党的基本路线不动摇，关键是自觉维护党中央权威和对党忠诚。

要时刻紧绷纪律这根弦，严守政治纪律、组织纪律、廉洁纪律、群众纪律、工作纪律和生活纪律，始终用纪律和规矩规范自己的言行，不碰纪律红线，不踩纪律底线，不越纪律“高压线”。要把规矩刻在心里，敬畏组织、敬畏群众、敬畏法纪，自觉接受组织和群众监督，决不凌驾于组织之上搞特殊，不超越政策搞变通，不违规操作越红线，做到心有所畏、言有所戒、行有所止。要把约束扎在根上，把党规党纪和宪法法律内化于心、外化于行，提高在是非面前的辨别能力、在诱惑面前的自控能力、在警示面前的醒悟能力，让思想自觉引领行动自觉，以行动自觉深化思想自觉。

对党忠诚，就要做到表里如一、襟怀坦白。是否讲真话，特别是能否在压力与阻力面前秉持公心、坚持原则、敢于担当，往往是判断对党绝对忠诚与否的重要标尺。在党组织面前，党员干部既不能隐情不报，更不能信口雌黄。要防止以讲真话为名，不分场合和渠道妄议中央大政方针，胡乱发表对中央不满的言论。党员一定要分清敢讲真话与妄议中央大政方针是性质完全不同的两回事，后者是严重违反政治纪律的行为。对党忠诚老实、言行一致，也是明确的纪律要求。

党员干部忠不忠，体现在遵规守纪上，体现在日常工作和生活中是否时时绷紧政治规矩这根弦，筑牢组织纪律红线，不搞非法组织活动，不搞团团伙伙小圈子。处处讲规矩、时时守纪律、事事重操守，做到思想靠得住、党性过得硬，组织放得心、群众信得过，不越“雷池”一步，用铁的纪律扎严扎实对党绝对忠诚的思想和行为之篱，把对党的绝对忠诚融入血液、浸入骨髓。《关于新形势下党内政治生活的若干准则》中指出，党的各级组织和全体党员必须对党忠诚老实、光明磊落，说老实话、办老实事、做老实人，如实向党反映和报告情况，反对搞两面派、做“两面人”，反对弄虚作假、虚报浮夸，反对隐瞒实情、报喜不报忧。

守纪律是党章对党员的基本要求，讲规矩是对党员干部党性的重要考验和对党忠诚度的重要检验。党员干部要牢固树立纪律意识、规矩意识，严格遵守党章、党的纪律、国家法律以及党在长期实践中形成的优良传统和工作惯例，始终做到心有所畏、言有所戒、行有所止，把对党忠诚落实到严格遵守党的各项纪律、严格执行党的路线方针政策上来，在严守党的纪律和政治规矩中捍卫忠诚，争当守纪律、讲规矩的表率。

二、对纪律心怀敬畏，自觉服从纪律的约束

何为敬畏之心？从字面来说，“敬畏”是又敬重又畏惧。在《说文解字》里，“敬”字被解释为“肃也”，意思是要恭敬、端肃；

《礼记·曲礼》注释为“在貌为恭，在心为敬”。这说明，“敬畏”是人类对待事物的一种态度，是既敬重又畏惧。敬畏更侧重强调发自内心的敬重与自觉，不单单是畏惧。

康德在《实践理性批判》中写道：“有两样东西，越是经常而持久地对它们进行反复思考，它们就越是使心灵充满常新而日益增长的惊赞和敬畏：我头上的星空和我心中的道德法则。”[①]这些无不告诉我们，敬畏之心是植根于人类天性和内心深处的道德情感，它对于个人的成长发展和整个社会道德价值秩序的维系都具有十分重要的作用。

古往今来的执政者都十分强调敬畏之心。我国古代就有“君子以恐惧修省”之良言；有“善怕者，必身有所正，言有所规，行有所止，偶有逾矩，亦不出大格”的名言；有“天下大事，成于惧而败于忽”“有所畏者，其家必齐；无所畏者，必怠其睽”等告诫；有“畏法度者最快乐”之乐观；有“畏则不敢肆而德以成，无畏则从其所欲而及于祸”的劝解；有“君子之心，常存敬畏”之习惯。

可以说，中华文化中的“敬畏”思想已经薪火相传。清代廉吏于成龙，用“累千盈万，尽是朝廷正赋，倘有侵欺，谁替我披枷戴锁”来警醒自己。千百年前的先人们尚且能够从爱己、爱人、爱国和对自己负责、对百姓负责、对社会负责的高度敬畏“天道法纪”，何况新时代的我们呢？更应当心怀敬畏！一个人，立身处世，心存敬畏，就会“思有所思，行所当行，止所当止”，就会谦虚、谨慎、不骄、不躁，就会敬畏人民、敬畏历史、敬畏法纪、

---

① ［德］康德著，李秋零译：《实践理性批判》，中国人民大学出版社2011年版，第151页。

敬畏人生、敬畏自然与社会规律，从而严于律己，谨言慎行。一旦没有敬畏之心，天不怕、地不怕，胆大包天、为所欲为，就会越“雷池”、闯“红灯”、踩“底线”，于己于人、于家于国都可能带来可怕恶果。

古人云：“不自重者致辱，不自畏者招祸。”“官有所畏，业有所成。”每个人特别是党员干部，要懂得敬畏，要有所“怕”才好。在新中国成立之初，任弼时曾言有“三怕”：一怕工作少，二怕用钱多，三怕麻烦人。1957年，邓小平同志在《共产党要接受监督》中指出：“共产党员谨小慎微不好，胆子太大了也不好。一怕党，二怕群众，三怕民主党派，总是好一些。谨慎总是好一些。”①他还认为，无论领导干部，还是普通公民，都要实实在在，实事求是，诚信为本。应该说，这些所谓的“怕”和“惧”、“老实”和“负责”集中体现在一点，就是一定有要敬畏之心。

“敬畏”之光，烛幽以明。心有所“敬”，行有所“循”；心有所“畏”，行有所“止”。这种敬畏之心就是，对真理的叩问存有“执着”，对人民的安危存有“忧患”，对历史的评判存有“警醒”，对法度的规则存有“畏惧”，对时代的创新存有“善意”，对信仰的追求存有“担当”。没有了敬畏，就没有了思想的标尺，也就没有了行动的准则。

敬畏，是因内心感到神圣而敬重和畏惧。一个健康而高尚的人，须臾不能没有敬畏之心。我们每个人活在世上，确实需要对一些东西心怀敬畏，这样才能使我们有所戒惧、自我警醒，把好理想信

---

①《邓小平文选》第1卷，人民出版社1994年版，第271页。

念的“总闸门”，节制自己的言行和欲望。

纪律是一种重要的行为准则，只有对纪律怀有敬畏之心，才能自觉遵守纪律。敬畏纪律，就要从思想上认识到遵守纪律的重要性，增强自己对社会的义务感。同时，要自觉地遵守纪律，不论大事小事，凡是纪律要求做到的，就坚决去做；凡是纪律所禁止的，就坚决不做；在没有人监督和别人不知道的情况下，同样遵守纪律，养成遵守纪律的习惯，使遵守纪律成为我们的行为自觉。

党员干部心存敬畏，就会谦虚、谨慎、不骄、不躁，就会从严要求自己，谨言慎行；反之，一旦没有了敬畏之心，就敢罔顾党纪国法，把自己摆在“特权”位置，做一名“特殊党员”，就敢越“雷池”、闯“红灯”、踩“底线”，肆无忌惮、为所欲为。一些党员干部之所以跌倒在权力、金钱、美色等关隘上，就是因为失去了敬畏意识，心存侥幸，胆大妄为，最终一失足成千古恨，追悔莫及。

古人云：“矩不正，不可为方；规不正，不可为圆。”人是生活在社会中的，社会活动是人的活动，每个人都有不同的性格和行为方式，如果没有一定的“法度”来规范、限制人们的行为，那么社会将陷入混乱。“畏法度者”在制度、规则的约束下，行得端，立得正，就不会怕“夜半鬼敲门”。

敬畏是一种从政态度，也是一种为人境界。只有心存敬畏，才能有内心的庄严与自知。一个干部，如果缺乏敬畏感，就会轻视法纪、心存侥幸、放纵自我，很可能就会违法乱纪。要始终保持一种如临深渊、如履薄冰的紧张感，一种在职一天、赶考一天的危机感。只有时刻敬畏法纪、严守法纪，才能切实做到心有所畏、言有所戒、行有所止。

纪律是落实各项工作任务的保障，是规范，是秩序，是行为规则。对纪律心存敬畏是一种素质，是一种信念，也是一种修养。每个人都应当自觉遵守纪律，坚决维护纪律，从心里敬畏纪律。

敬畏纪律，是党员干部应有的政治素质。“法不阿贵，绳不挠曲”。党员干部要把纪律作为悬在头顶的“达摩克利斯之剑”，真正对纪律深怀敬畏之心，时时事事从制度原则出发，自觉把敬畏纪律融入学习、工作、生活中，增强政治敏锐性和组织纪律性。纪律是执行决定、落实政策的重要保证。敬畏纪律，就要熟知纪律、把握纪律、运用纪律，自觉提高健康免疫力。党组织的每个成员特别是领导干部，要带头讲规矩、守纪律、作表率，坚决抵制诱惑，狠刹歪风邪气，真正做到令行禁止。

敬畏纪律，是党员干部应有的职业操守。敬畏纪律，就会对越轨之事不敢想、不敢干，胸中便会有定盘星，会自觉维护公平正义。党员干部要始终用制度原则约束自己，用组织和人民利益的需求检阅自己，自觉做到对己清正、对人公正；要敢于担当、勇于任事，做到多担一份责任、多付出一份努力，在推动事业发展中提升自己；要恪尽职守，把纪律作为言行指南，对违反纪律、违反原则的事，敢于说不、勇于碰硬，坚持原则不动摇、执行标准不走样、履行程序不变通，坚决维护纪律的严肃性和权威性。

敬畏纪律，才能自觉地服从纪律。服从组织，遵守纪律，是党纪和法律规定的义务，每个党员干部都应当履行这一义务，这是不容讨论、不容许讨价还价的。在严明的纪律面前，服从并不只是态度问题，在一定程度上它反映了一个人的政治观念和组织观念的强弱。“党员个人服从党的组织，少数服从多数，下级组织服从上级组织，全党各个组织和全体党员服从党的全国代表大会和中央委员会”，是党章的规定，这既是组织纪律，更是政治纪律。党员干部要自觉增强服从意识，时刻把党性原则摆在第一位，时刻把服从组织原则、执行组织决定作为第一准则，不折不扣地贯彻好、执行好党的各项纪律和规矩。

敬畏纪律，才能用纪律约束自己。能够自我约束是一个人成熟的标志之一。在日常生活中我们要正确认识自由与约束的关系，严格自我要求，养成较强的纪律观念和良好的行为习惯。人们在集体行动时守纪意识比较强，遵守纪律容易些，而单独执行任务就不一样，周围没有领导和同事的监督，完全靠自己约束自己，更需要增强守纪的自觉性，发扬“慎独”精神，坚持“吾日三省吾身”，一遍一遍地检查自己做得不好、做得不够的地方，确保经常用纪律约束自己，做到有没有人监督一个样。

三、严守党的政治纪律，对党绝对忠诚老实

党的政治纪律，是党根据不同历史时期政治任务的要求，对各级党组织和党员的政治活动和政治行为确定的基本规范，是各级党组织和党员在政治生活中必须遵循的行为准则。

政治纪律是最重要的纪律。党的纪律是多方面的，政治纪律是党的纪律中最重要、最根本的纪律，是打头、管总的纪律，在整个纪律体系中起着主导作用，是政治方向的导航标。遵守党的政治纪律是遵守党的全部纪律的重要基础。

首先，严格遵守和执行党的政治纪律，是遵守和执行党的全部纪律的基础。只有政治纪律严明，才能维护党的团结统一，使全党成为一个有机整体，形成强大的凝聚力和战斗力，推动党的事业蓬勃发展。如果政治纪律松弛，党的组织纪律、廉洁纪律、群众纪律等就会失去政治基础。长此以往，党就会变得松松垮垮，变成一盘散沙，甚至蜕化变质。对此，必须保持清醒头脑和高度警惕。

其次，严格遵守和执行党的政治纪律，是坚持党的政治原则和政治方向的前提，是坚持党的指导思想和党的性质、宗旨，保持党的先进性和纯洁性，维护党的团结统一，完成党的任务的重要保证。党是按照民主集中制原则组织起来的马克思主义政党，具有自己的政治路线、政治纲领和奋斗目标。要使广大党员干部始终坚持党的政治原则和政治方向，就必须严明政治纪律。

最后，严格遵守和执行党的政治纪律，是提高党的领导水平和执政水平、增强拒腐防变和抵御风险能力的关键。事实证明，一些党员干部之所以走上违纪违法道路，一个根本原因是政治信念发生了动摇，政治行为出现了偏差。严明党的政治纪律，不仅有利于加强党风廉政建设，也有利于党应对各种可能发生的风险，提高执政水平，巩固执政地位。

现代政党是为了共同的政治目标而组成的政治组织，必须有政治上的规矩来维护本党目标的实现。一个政党如果没有政治纪律的约束，允许党的组织和党的重要干部在政治主张、政策主张上各有一套、我行我素，允许广大党员在政治上行动上与党离心离德、为所欲为，就是一群乌合之众，就会很快分崩离析。如果党的政治纪律成为摆设，就会形成“破窗效应”，使党的章程、原则、制度、部署等丧失严肃性和权威性，党就会沦为各取所需、自行其是的“私人俱乐部”，就会失去号召力、影响力和战斗力，党的政治理想和政治目标也就无从谈起。

党员干部违反了政治纪律，不仅会损害党的声誉，破坏党的形象，而且还可能由破纪到破法，由“好同志”沦为“阶下囚”。

习近平总书记指出：“党的纪律是多方面的，但政治纪律是最重要、最根本、最关键的纪律。”[①]政治纪律一旦突破，其他纪律就会“全线失守”。“干部在政治上出问题，对党的危害不亚于腐败问题，有的甚至比腐败问题更严重。”[②]讲规矩，首先要讲政治规矩；守纪律，首先要守政治纪律。抓住严肃政治纪律和政治规矩这个纲，把严肃其他纪律带起来，正是管党治党的治本之策。

不遵守党的政治纪律，就等于忘记党员的第一身份。说起政治纪律，可能少数党员干部认为那是中高级领导干部的事。其实不然！政治纪律是维护党的政治原则、政治方向和政治路线，规范党组织和党员的政治言论、政治行动、政治立场的行为准则，每名党员都应当遵守，不能有丝毫触犯。

当然，也必须看到，少数党员干部纪律观念淡漠，违反政治纪律的现象仍然存在：有的党员干部在一些触及党的基本理论、基本路线、基本纲领、基本经验等重大政治问题上说三道四、我行我素；有的对中央的决策和要求阳奉阴违、另搞一套；有的公然歪曲党的

---

① 中共中央文献研究室编：《十八大以来重要文献选编》（上），中央文献出版社2014年版，第131页。

② 中共中央纪律检查委员会、中共中央文献研究室编：《习近平关于严明党的纪律和规矩论述摘编》，中央文献出版社、中国方正出版社2016年版，第23页。

历史、否定党的政治原则、诋毁党的领袖和党的优良传统；还有的不负责任地道听途说，甚至捕风捉影，编造传播政治谣言，丑化党和国家的形象；等等。这些违反政治纪律的言论和行为，尽管发生在极少数党员干部身上，但在党内和社会上的影响是恶劣的，给党的事业造成的损害是严重的。

政治纪律和政治规矩为何时有人违反？这与一些党员干部认识不清甚至心存侥幸有关。在有的党员干部看来，政治纪律和政治规矩很抽象、比较虚，不像财经纪律、工作纪律那样丁是丁、卯是卯，来不得半点含糊。认为只要自己不贪不腐，在经济上不出问题，在政治纪律和政治规矩上出点格、跑点偏，谁也不会较真，较真了也奈何不得。正因如此，有的党员干部对政治纪律和政治规矩缺乏敬畏、等闲视之，平时嘴上喊的“政治方向不偏，政治立场不移”只是用来装点门面，实际上在政治言论和政治行动上却是我行我素。这显然是一个极大的误解，他们犯了政治上的幼稚病，做了政治上的糊涂人。

没有政治规矩就不成其为政党，更不成其为马克思主义政党。党的团结统一，党的战斗力、凝聚力、创造力，党的先进性、纯洁性，党自我净化、自我完善、自我革新、自我提高的能力，都要靠政治纪律来保证。只有坚持把严守政治纪律和政治规矩排在首要位置，紧紧抓住严守政治纪律和政治规矩这个正风肃纪的关键，才能取得从严治党的新成效，让党的组织更严密、党内生活更健康、党的领导更有力。

党的纪律是铁的规矩，是不可触碰的红线，严守党纪是党员的行为底线。习近平总书记指出：“讲规矩是对党员、干部党性的重要考验，是对党员、干部对党忠诚度的重要检验。”[①]遵守政治纪律和政治规矩，必须维护党中央权威，在任何时候任何情况下都必须在思想上政治上行动上同党中央保持高度一致；必须维护党的团结，坚持五湖四海，团结一切忠实于党的同志；必须遵循组织程序，重大问题该请示的请示，该汇报的汇报，不允许超越权限办事；必须服从组织决定，决不允许搞非组织活动，不得违背组织决定；必须管好亲属和身边工作人员，不得默许他们利用特殊身份牟取非法利益。这是党员干部必须严格遵守的规矩。

因此，必须引起高度重视，在全党上下进一步严明政治纪律，不断提高党的各级组织和广大党员遵守和执行政治纪律和政治规矩的自觉性和坚定性。

严守党的政治纪律，必须坚决做到“两个维护”。坚持党的政治领导，最重要的是坚持党中央权威和集中统一领导。《中国共产党纪律处分条例》特别强调严明政治纪律和政治规矩，把坚决维护习近平总书记党中央的核心、全党的核心地位，坚决维护党中央权威和集中统一领导作为出发点和落脚点。可以说，“两个维护”是我们党最根本的政治纪律和政治规矩，是党的政治建设的“根”和“魂”。党员干部要增强“四个意识”，牢记“四个服从”，做到“五个必须”，始终自觉地在政治立场、政治方向、政治原则、政治道路上同党中央保持高度一致，党中央提倡的坚决响应，党中央决定的坚决执行，党中央禁止的坚决不做，确保全党令行禁止，确保党中央一锤定音、定于

---

① 中共中央纪律检查委员会、中共中央文献研究室编：《习近平关于严明党的纪律和规矩论述摘编》，中央文献出版社、中国方正出版社2016年版，第8页。

一尊的权威。党员干部在坚定“两个维护”上必须态度坚决、旗帜鲜明，不仅要公开亮明政治态度，更要拿出实实在在的举措，落实在实际行动上，体现在做人、谋事、创业、修身、用权、律己的方方面面，真正把“两个维护”变成思想自觉、变成党性观念、变成纪律要求、变成实际行动。既在大是大非面前立场坚定、旗帜鲜明，也在生活小节和平常小事上守规矩、作表率，真正做到令行禁止，任何时候任何情况下政治信仰不变、政治立场不移、政治方向不偏。

严守党的政治纪律，必须严格遵守和维护党章。严明政治纪律就要从遵守和维护党章入手。党章作为立党、管党的总章程，集中体现了党的性质和宗旨、党的理论和路线方针政策。党章就是党的根本大法，是全党必须遵循的总规矩。严守政治纪律，首先要求党员学习党章、遵守党章，树立党章意识，自觉用党章规范自己的言行。党员干部必须自觉学习党章、牢固树立党章意识，真正把党章作为加强党性修养的根本标准，作为指导党的工作、党内活动、党的建设的根本依据；把学习党章作为加强党性修养的必修课，进一步明确党的指导思想、奋斗目标和路线纲领，明确党的重大原则和基本制度，明确党员的权利义务以及领导干部应具备的基本条件，不断强化党性观念、党的意识和党员意识；自觉用党章和其他党内法规来规范自己的言行，坚决维护党的团结统一，始终与党中央保持高度一致，自觉做到令必行、禁必止，言必信、行必果，确保中央政令畅通。

严守党的政治纪律，必须严肃党内政治生活。党内政治生活严肃起来、认真起来，才能增强全党自我净化、自我完善、自我革新、自我提高的能力，才能夯实全面从严治党的基础。必须把严明政治纪律和政治规矩作为关键，严格组织生活，解决实际问题，切实增强党内政治生活的政治性、时代性、原则性、战斗性，发展积极健康的党内政治文化。对大是大非要有坚定立场，对背离党性的言行要有鲜明态度，党员干部不能听之任之、置身事外。对违反政治纪律和政治规矩的人和事，要早发现、早指出、早提醒、早纠正，对造成危害的要敢于斗争，敢于严肃追责问责。特别是在民主生活会中，要敢于坚持原则、敢于追根问底、敢于动真碰硬，坚决不搞一团和气、相互吹捧，不搞“好人主义”，不以假和谐掩盖不讲原则、不讲批评、不讲斗争的事实。党员干部要按照中央要求，严格对照检查自己在遵守政治纪律和政治规矩方面存在的问题，做到抓早、抓小、抓苗头，防止小错酿成大错，小利益链条变成大利益输送，给党和国家的事业造成不可挽回的损失；要不断提高思想境界和政治觉悟，增强政治警觉性和政治鉴别力，自觉抵制“七个有之”的腐蚀，避免成为“两面人”。

四、严守党的组织纪律，自觉服从党的领导

党的组织纪律，是指党员和党的组织必须遵守的，维护党在组织上团结统一的行为准则，即维护党的团结统一的原则与规范，是处理党组织之间和党组织与党员之间关系的纪律。具体地说，凡是党要求各级组织和党员在组织制度和组织生活方面必须共同遵守的行为规范都是党的组织纪律。

“党的力量来自组织，组织能使力量倍增。”[①]马克思主义政党力量的凝聚和运用，在于科学的组织。我们党是按照马克思列宁主义的建党原则、根据党的纲领和章程、按照民主集中制原则组织起来的统一整体，是一个由党的中央组织、地方组织和基层组织构成的科学严密的组织体系。组织严密是我们党的光荣传统和独特优势，是维护党的团结统一、确保党发挥总揽全局、协调各方作用的根本组织保障。

百年来，我们党栉风沐雨、历经坎坷，不断从胜利走向胜利，组织严密是重要保证。党之所以能成为中国特色社会主义事业的领导核心，就在于有严密的组织体系和强大的组织能力，而这些又必须以严明的组织纪律和组织规矩作保证。没有严明的组织纪律和组织规矩同没有严明的政治纪律和政治规矩一样，党就会变成一盘散沙，成为群龙无首、各行其是的乌合之众，失去凝聚力和战斗力，失去领导地位和领导作用。严明的组织纪律是全面深化改革和继续推进中国特色社会主义伟大事业的生命线、保障线。

然而，党内还一定程度上存在着组织观念薄弱、组织涣散、纪律松弛等问题。改革开放、市场经济，打破了原有的资源配置方式，改变了传统的组织管理模式，对党内生活带来了不小冲击。一些人组织观念淡薄，拿功劳当资本，自恃能力强、贡献大，端架子、讲条件，精于算计；一些党员干部，比资历要待遇，组织没提拔有意见，岗位不满意有牢骚，待遇不合意有怨言，闹情绪撂挑子，搞软对抗；有的主要领导干部不按照民主集中制原则办事，搞一言堂，独断专行，

---

① 中共中央文献研究室编：《十八大以来重要文献选编》（上），中央文献出版社2014年版，第765页。

在重大问题上个人说了算；有的党员干部喜欢按照自己的好恶拉拢一批人，排挤另外一批人，搞这样那样危害党的团结和涣散党的组织的“团团”和“伙伙”；还有的党员干部，把分管领域当私人领地，针插不进水泼不进，搞起独立王国，进行非组织活动……凡此种种，严重损害党的威信，侵蚀整体利益。

为此，习近平总书记强调：“要好好抓一抓组织纪律，加强全党的组织纪律性。”[①]在党的十八届六中全会第二次全体会议上，习近平总书记要求：“必须服从组织决定，决不允许搞非组织活动，不得违背组织决定。”[②]这样的严格要求，有着极强的现实针对性。

党的严密的组织和严格的纪律，对维护全党的团结统一，增强党组织的凝聚力、战斗力，确保党和国家各项事业健康持续发展，具有极其重要的作用。说到底，强化组织纪律，是共产党人的必修课程，也是每一名党员的基本政治品质。组织像铁，纪律如磁，有组织无纪律，就会像磁铁消磁一样，失去凝聚力，消解战斗力。

在十八届中央纪委三次全会上，习近平总书记深刻阐述了严明党的组织纪律、加强组织纪律性这一重大命题，强调全党同志要“相信组织、依靠组织、服从组织，自觉接受组织安排和纪律约束，自觉维护党的团结统一”[③]，体现出以习近平同志为核心的党中央透视问题、切中要害的清晰的党建思路。作为党员干部，在严格遵守党的组织纪

---

① 中共中央文献研究室编：《十八大以来重要文献选编》（上），中央文献出版社2014年版，第766页。

② 中共中央党史和文献研究院编：《十八大以来重要文献选编》（下），中央文献出版社2014年版，第457页。

③ 中共中央文献研究室编：《十八大以来重要文献选编》（上），中央文献出版社2014年版，第767页。

律方面，要重点做到以下五点。

从严执行民主集中制，自觉维护党的团结统一。民主集中制是党的根本组织原则和领导制度，也是组织纪律的核心内容。党员干部严守组织纪律，最重要的是严格遵守民主集中制。要正确处理民主与集中的关系，既充分发扬民主，又正确实行集中。要坚持集体领导和个人分工负责相结合，主要负责同志既要敢于担当，又要发扬民主，班子成员既要明确职责分工，又要相互配合。凡属重大事项决策、重要干部任免、重大项目安排、大额资金使用等重大问题，都要按照集体领导、民主集中、个别酝酿、会议决定的原则，都要经过集体讨论决定。要严格执行领导班子议事规则和决策程序，不搞家长制和一言堂，要完善相关制度，明确决策责任，把握个别酝酿环节，充分发扬民主，严肃会议表决，确保民主科学依法决策。

摆正个人与组织的关系，自觉做到个人服从组织。对于一名党员来说，个人和组织的关系，是个人服从组织的关系。个人的意志和行动，必须无条件地服从组织的需要和安排。不论在任何情况下，都要自觉地置身于党组织之内，而不能游离于党组织之外，更不能凌驾于党组织之上。一名合格的党员，总是要自觉地把个人置于党的组织之中，时时刻刻把党的利益放在第一位，个人利益无条件服从党的利益，用个人服从组织的原则约束自己的言行，真正把自己视为党的整个肌体的细胞，做党的忠诚儿女。无条件服从党的组织，要求党员个人的意志和行动，都要自觉地服从党组织的需要，在接受党组织分配自己的工作和任务时，不能拈轻怕重、挑三拣四，更不能讲价钱、讲地位、讲待遇，在行动上坚决维护和执行党组织的决定。始终坚持既相信组织、依靠组织、服从组织，又拥护组织、维护组织、服务组织，任何时候都与党同心同德、同向同行。

摆正民主与集中的关系，正确行使党员的民主权利。在处理党内民主与集中的关系上，要注意防止和克服两种倾向：一是由于民主不够所导致的个人专断；二是由于集中不够所导致的极端民主化。这要求每个党员必须摆正民主与集中的关系，正确行使民主权利，维护党的集中统一。每名党员都应具有高度的民主意识，正确行使民主权利，这是强烈的事业心、责任感和高度的组织纪律性的表现，是热爱党、忠于党的表现。党员能否自觉地履行党员义务，这是组织纪律性问题；是否珍视和正确行使自己的民主权利，同样是组织纪律性问题。正确行使民主权利，一要摆正立足点，一切要从党的事业出发，而不是从个人或小团体的利益出发，要自觉把行使民主权利的立足点放在维护党的利益上。二要严格按照党内生活的正常渠道和组织程序行使民主权利。对组织和同志提出建议、批评，发表自己的意见，揭发、检举、申诉和控告问题，都必须通过正常渠道来进行，在党组织的会议上，或向上一级组织直至中央反映，决不允许采取自由主义的态度，更不允许拉帮结伙，搞小团体、小帮派。不负责任地背后批评，有意见不在组织内部提出，会上不说、会后发牢骚，当面不说、私下乱议论，这是党的纪律所不允许的。三要防止和克服极端民主化。党员干部在党组织讨论决定重大问题时，都要襟怀坦白，积极发表个人的见解，“知无不言，言无不尽”。党组织一旦作出决定，就对每名党员的言行具有约束力，不管是否同个人的意愿相符合，在行动上都必须坚决执行、自觉维护。

摆正自由与纪律的关系，自觉遵守和服从党的纪律。党内自由是以遵守党的纪律为前提条件的。在党内，党员享有充分的自由，可以通过正常渠道，讨论党内事务，批评党的任何组织和个人。但是，任何自由都不是绝对的，绝不能想干什么就干什么，想怎么干就怎么干。作为党员干部，必须懂得组织运行的程序，明确自己的权限，重大问题该请示的请示、该汇报的汇报，不允许超越权限办事。

坚持“四个服从”，其中最重要的就是全党服从中央。中央是党的最高领导机关，代表全党的整体意志，代表全国人民的最高利益。全党服从中央，是维护党的集中统一的首要条件，是贯彻执行党的路线方针政策的根本保证。作为一名党员，在思想上政治上行动上同党中央保持高度一致，用组织上的高度集中统一，行动上的步调一致，保证党的路线方针政策的贯彻落实，自觉维护党中央的权威。

五、纪律面前人人平等，守纪律不准搞特殊

严格遵守党的纪律，必须坚持党员在党纪面前人人平等的原则。

党的纪律面前人人平等有三层含义：第一，在遵纪方面，任何党员，不论党龄长短、职务高低、功劳大小，都必须平等地遵守党的纪律，平等地享有党员权利，也平等地承担党员义务。没有任何党员可以例外，对党的领导干部也是如此。如果党的纪律只管一部分人，管不了另一部分人，那就破坏了纪律的统一性和严肃性。第二，在维权方面，凡是共产党员应当享有的党员权利，都平等地受到党的纪律的维护和保障。任何人都无权侵犯党员应有的民主权利。第三，在执行方面，任何共产党员如果违犯了党的纪律，都必须平等地受到党的纪律的追究，对普通党员如此，对党的领导干部也是如此。在执行纪

律的时候，坚持这一原则，其本身就是严肃党纪的表现，同时它又对巩固党的纪律产生深刻的影响。

党的纪律面前人人平等就是说任何中共党员，不论其民族、性别、职业、教育程度、家庭出身、社会地位、财产状况的差别，也不论其党内职务高低、党龄长短、功劳大小，都平等享有党的纪律规定的权利和必须履行党的纪律所规定的义务，一旦违犯了党的纪律，在适用党纪处分时都一律平等，绝无例外。坚持党的纪律面前人人平等具有不可或缺的重要意义。

有纪律，就要执行，不然，就是纸上谈兵，毫无意义。而执行纪律除了严格以外，还必须做到纪律面前人人平等，否则就无法执行下去。所谓纪律面前人人平等，就是说所有党员都必须遵守党的纪律。党内决不允许存在不受纪律约束和凌驾于党组织之上的特殊党员。制度约束没有例外，纪律面前没有特权。坚持在纪律面前人人平等，是党纪严密的重要内容，也是严肃党纪的一个重要原则。

在党的纪律面前，所有党员干部一律平等。然而，现实生活中，仍有党员干部封建思想犹存，着迷于“权大于法”，我行我素，有权任性，有令不行，有禁不止；有的在处理违纪者时，亲疏有别，宽严失度，往往对领导干部宽，对普通党员严；对有“背景”的人宽，对无“背景”的人严；有些领域宽，有些领域严，失去了党的纪律的公正性。长此以往，既挫伤了遵纪守法的党员的积极性，又引来上行下效，党纪国法得不到较好的贯彻落实，成为一纸空文，甚至滋长了贪污腐败现象。

在纪律面前人人平等，是由党的民主性质决定的。党的成员不论职位高低、资历长短、功劳大小，在党的纪律面前一律是平等的。党内不允许任何人有超越纪律之上的特权，党内任何人、任何组织违反了纪律都必须受到追究。每一名党员，在党内不论职位高低，都是同志，都是人民的勤务员，地位是完全平等的。如果党的纪律只对一部分党员有约束力，而对另一部分党员没有约束力，就背离了党的性质、党的纲领和章程，破坏了党内同志之间地位一律平等这一无产阶级的政治原则。实行党员在党的纪律面前人人平等的原则，是从严治党、端正党风的必要条件。

严明的纪律是针对全体党员的。党的纪律不仅对普通党员有约束，对党员干部更要有约束，甚至在某种程度上，越是党的高级别干部越要对其实行更严格的纪律约束，否则将难以服众。

坚持纪律面前人人平等，最根本的是要摒弃特权思想。

纪律是要求大家共同遵守的办事规程或行动准则。它具有普遍的约束性，要求对所有相关人员一视同仁、“一碗水端平”。特权就是在法律、制度规定之外的特殊权利。特权人物可以不受法律和制度的约束，享有普通人无法享有的权利。制度的普遍性、公平性要求与特权的特殊性、不平等性形成巨大矛盾。

特权使纪律形同虚设。纪律有没有威力、能不能让人敬畏，关键在于能不能对每一个当事人都具有相等的效力、相同的威力。而特权人物游离于制度之外、凌驾于纪律之上，这就严重破坏了纪律的严肃性、权威性和公正性。由此一来，纪律的效力就会大打折扣，甚至成为一纸空文。制度是由人来设计的，也要由人来执行和遵守。如果制度不被执行和遵守，再好的制度也形同虚设。

习近平总书记在党的群众路线教育实践活动总结大会上强调：“纪律面前一律平等，党内不允许有不受纪律约束的特殊党员。党的各级组织要积极探索纪律教育经常化、制度化的途径，多做提提领子、扯扯袖子的工作，使党员、干部真正懂得，党的纪律是全党必须遵守的行为准则，严格遵守和坚决维护纪律是做合格党员、干部的基本条件。”①

加强纪律建设，必须树立制度面前没有特权的意识。应当认识到，特权意识和特权行为的存在有一定的历史根源和现实基础，破除起来决非一朝一夕之功。各级党员干部更应当从党和国家生死存亡的高度来看待特权意识的危害性，强化忧患意识、责任意识、自律意识，带头破除特权意识，解放思想，转变观念，放下“架子”，少些“自我”，人人都把自己当作一名普通“员工”，保持平常心，从内心深处认真对待制度，带头遵守制度，才能体现出制度执行上的平等性、公正性和严肃性，切实维护制度的权威性和公信力。

纪律面前一律平等，遵守纪律没有特权，执行纪律没有例外。党员干部要牢固树立“规矩面前没有特权、纪律约束没有例外”的意识，珍视手中权力，依法依规用权；须时刻以如临深渊、如履薄冰的心态，来行事用权，做到防微杜渐。凡规矩纪律要求不能做的，就坚决不做，不打“擦边球”。

纪律面前一律平等，不仅要在思想上树立平等观，更要在执行落实上一律平等。党纪国法面前无特殊党员、特殊公民，谁触犯了党纪、触犯了国法就必然承受其行为的后果。人人平等，是树立和执行党纪威信之所在。从普通党员到领导干部，只要违反纪律就要受到

① 中共中央文献研究室编：《十八大以来重要文献选编》（中），中央文献出版社2016年版，第100页。

追究；无论“小吃小喝”、小错误、小违法，还是大贪、巨恶，只要违反纪律同样不放过。

党内不允许存在不受纪律约束和凌驾于党组织之上的特殊党员。任何党员，不能因为是一名普通党员就放松对自己的纪律要求，更不能因为是一个位高权重的领导干部就拒绝接受纪律约束。只要是党员，在遵守党纪方面就是平等的、一致的。在遵守党纪上没有“特区”，也没有“敏感区”，更没有“禁区”。随着党员干部职务的升迁、权力的增大，其在遵守党的纪律方面更应主动自觉、真心诚意。党员领导干部理应成为一般党员和人民群众的榜样，位置越高越要严格遵守党的纪律，坚持从自身做起，树立平等的纪律观念，发挥示范作用，带动全体党员严格遵守纪律。

第九章

以清廉本色彰显忠诚

清正廉洁是从政之本。清正廉洁是共产党人最鲜明的政治本色，是衡量党员干部对党忠诚的重要标准。党员干部要时刻保持清醒的头脑，坚决克服特权思想，常修为政之德，常思贪欲之害，常怀律己之心，常除非分之想，培养健康向上的生活情趣，不断筑牢拒腐防变的思想防线，时刻注意自重、自省、自警、自励，始终做到慎独、慎初、慎微，抵得住诱惑，耐得住寂寞，忍得住清苦，清清白白做人、干干净净做事、坦坦荡荡为官，始终保持共产党人清正廉洁的政治本色。

一、保持清廉的政治本色，彰显对党的绝对忠诚

党员干部保持清正廉洁的政治本色，是对党忠诚的重要表现。党员干部只有真心忠于党忠于人民，才可能做到清正廉洁。

党员干部清正廉洁，是巩固我们党执政地位的迫切需要。

清廉是立党执政的根本。自古以来，为政清廉，才能治国安民，使天下太平。国家之兴，莫不始于吏治清廉；国家之患，莫不源于吏治腐败。

对于一个政党、一个政府而言，廉则信，信则立。只有廉洁了才能取信于民，才能在人民群众中树威立信。党的执政地位不是与生俱

来的，也不是一劳永逸的。党执政70余年的历史实践反复告诉我们，永葆清廉本质、铭记全心全意为人民服务的根本宗旨是党执政的题中应有之义，对于巩固党的执政地位至关重要。殷鉴不远，党员干部必须高度警惕腐败吞噬执政公信力所带来的危害。习近平总书记在庆祝中国共产党成立95周年大会上指出："我们党作为执政党，面临的最大威胁就是腐败。"[①]

要巩固党的执政基础，就要始终和人民群众保持密切联系，而能否做到清正廉洁，则是能否保持这种联系的前提。只有清正廉洁，才能够在人民群众中树立良好的形象。人民群众看一个党，往往把它是否清正廉洁作为一个十分重要的评判标准。只有清正廉洁，才能保证把人民的事情办好，实实在在为人民谋利益。特别是作为一个执政党，如果不能很好地为人民谋利益，而是用权力来谋取私利，贪赃枉法、徇私舞弊，人民群众的利益就无从实现，结果必然是被人民群众所鄙视、所抛弃。

各级党组织和广大党员干部保持清正廉洁的政治本色，是巩固党的执政基础和执政地位的坚强保证。我们党是中国特色社会主义事业的坚强领导核心。在新的历史条件下，党所处的历史方位、执政条件和党员队伍组成结构等发生了重大变化，党面临着"四大考验"和"四种危险"，要经受住考验，关键在于加强执政能力建设，其中很重要的一方面就是建设廉洁政治、坚决反对腐败，努力实现干部清正、政府清廉、政治清明，不断提高党的领导水平和执政水平，确保党始

---

① 中共中央党史和文献研究院编：《十八大以来重要文献选编》（下），中央文献出版社2018年版，第356页。

终成为中国特色社会主义事业的坚强领导核心，始终站在时代前列，引领中国社会前进的正确方向。

为政清廉才能取信于民，秉公用权才能赢得人心。永葆共产党人清正廉洁的政治本色，这是马克思主义执政党建设的本质体现，是永葆党的先进性和纯洁性的必然要求，也是共产党人健康成长的重要保证。党员干部清正廉洁的优秀品格，是党在整体上保持健康的机体，保持强大战斗力的基本前提。每个党员干部特别是领导干部必须加强党性修养，锤炼优良作风，砥砺高尚情操，弘扬浩然正气，切实做到廉洁从政、执政为民。

党员干部清正廉洁，是中国共产党人党性的内在要求。

党性，是党的根本特质，一个政党要在整体上保持它的固有性质，则它的组织成员就必须遵循基本的党性原则。作为一个为人民谋幸福、为民族谋复兴的马克思主义政党，中国共产党从成立那天起，就对自己的党员在廉洁自律方面有着严格的要求，而且随着党的队伍的壮大和事业的发展，把越来越多能够为最广大人民利益而奋斗的优秀分子集聚在自己的旗帜之下，从而保证了党在整体上的先进性和纯洁性。

我们党向来把全心全意为人民服务作为自己的根本宗旨，始终坚持把清正廉洁、勤政为民作为全体党员干部必须具备的基本素质。党章明确规定，党的干部要“正确行使人民赋予的权力，坚持原则，依法办事，清正廉洁，勤政为民”。党员干部要时刻牢记党员第一身份，以党的意志为意志，始终保持清正廉洁的政治本色是党的一贯主张，也是检验一个共产党员党性的试金石。这在本质上要求共产党人必须保持清正廉洁的政治本色，正确处理党性与个性、党的利益与个人利益的关系。个性必须服从党性，个性如果脱离了党性原则发展为个人主义，那就是对党性的背离。个人利益要服从党的利益，在任何情况下都必须把党的利益放在第一位，如果个人利益侵犯了党的利益，私利超越公利，就是对共产党员称号的背叛。

党章规定："党除了工人阶级和最广大人民群众的利益，没有自己特殊的利益。"党的性质和根本宗旨必然要体现在对党员的要求上，成为党员必须遵循的重要党性原则和党内进行党性教育的重要内容。所以，党章明确要求："中国共产党党员永远是劳动人民的普通一员。除了法律和政策规定范围内的个人利益和工作职权以外，所有共产党员都不得谋求任何私利和特权。"如果党员干部在实际工作和生活中变成了谋求私利和特权的人，那就背离了党的性质要求，就不再是合格的共产党员，就要受到党的纪律处分。

全心全意为人民服务的根本宗旨，是在党的一切实际活动中具体体现出来的，而体现这样的根本宗旨，就要求党的所有成员在自己的实际活动中能时时刻刻把最广大人民的利益放在第一位。如果在现实中一事当前，先替自己打算，想问题、办事情总是从自己的利益出发，那就不可能做到全心全意为人民谋利益。特别是在党执政以后，党员干部手中有了大大小小的权力，如果不注意，就有可能把手中的权力变成谋取私利的工具。所以，把清正廉洁作为党员干部必须坚持的党性原则就更为重要。

共产党是为人民谋利益的政党。人民的利益，即是党的利益。共产党员绝不是游离于人民之外甚至凌驾于人民之上的特殊人物。如果忘记了党的根本宗旨，就可能导致政治上变质、经济上贪婪、道德上堕落、生活上腐化，就会使保持清正廉洁政治本色落空。因此，要坚持以人民为中心，把“人民对美好生活的向往，就是我们的奋斗目标”作为价值导向，自觉同人民想在一起、干在一起。只有真正为人民、毫无私心杂念的人，才能一身正气，真正做到对理想信念虔诚而执着、至信而深厚，始终保持清正廉洁的政治本色。

党员干部清正廉洁，需要以对党忠诚为保证。

忠诚是干部做到清廉的保证，为党员干部做到从政清廉、做事干净提供政治定力。经过40多年的改革开放，我国社会思想、利益追求多元化的格局已经形成，社会财富的极大增长使执掌权力充满了各种诱惑。党员干部如果没有坚定的对党和人民的忠诚，就很难对各种思潮具有辨别力，很难在物欲的诱惑中把持住自己，容易在大是大非面前态度暧昧、立场不稳。在政治上对党和人民不忠诚，往往成为干部做不到清正廉洁、干净用权的根源。

忠诚是为官清廉、尽职尽责的动力之源。一个党员干部只有忠于信仰、忠于党、忠于人民，增强“四个意识”、坚定“四个自信”，才有勇气突破各种阻力，抵御各种诱惑，做到清白用权，才有能力维护党中央权威和集中统一领导，全面贯彻执行党的理论和路线方针政策，做到为人坦荡、清白做人、干净做事。一个做不到自身干净的干部，往往是一个在政治上左右摇摆、犹豫不定，甚至是投机取巧、善于钻营的人，最终会成为政治上的“两面人”。一个不能干净用权的干部也很容易被各种利益或资本所俘获，把权力变为追逐名利、牟取私利的工具。

只有做到了廉洁从政，才是真正的忠诚。那些经常把“忠诚”挂在嘴上，背地里却专干腐败勾当的人，只能是假忠诚的“两面人”。现实生活中，有一些干部表面是领导的“心腹”“铁杆”和“红人”，对上司谄媚至极、极尽“忠诚”，背后却是祸害人民的“硕鼠”。这种“忠诚”不是真正的忠诚。贪污腐败分子在向人民伸手的那一刻起，就放弃了信仰，违背了承诺，就不再是忠于人民的公仆，而是忠于权力、忠于金钱的奴隶。在是与非、公与私、得与失的考验面前，忠与不忠、诚与不诚，体现得淋漓尽致。从这个角度看，廉洁乃真假忠诚的试金石之一。

党员干部要保持清正廉洁的政治本色，必须坚定理想信念，始终对党对人民忠诚，始终把人民利益放在第一位。看看那些落马的腐败分子，都有一条相同的教训，都是首先在信念方面出现动摇，在诱惑面前没能守住底线，关键时刻把握不住自己，最终滑向腐败的深渊。这些人的堕落过程，反映的是他们对党不忠、为人不纯的本质，往往是到身陷囹圄的时候才幡然醒悟，但是悔之晚矣。习近平总书记谆谆告诫，“如果没有对党忠诚作政治上的‘定海神针’，就很可能在各种考验面前败下阵来”[①]。因此，党员干部坚守对党的忠诚，不仅是加强党的建设的需要，是党性的要求，更是党员干部自身在善于用权、用好权方面炼就“金刚不坏之身”，从而使自己无愧于党、无愧于国家和人民、无愧于家人朋友的必然要求。

二、牢记自己也是百姓，坚决摒弃特权思想

什么是特权？顾名思义，就是法律、制度规定之外的特殊的

---

① 《习近平谈治国理政》第2卷，外文出版社2017年版，第142页。

权利，是一般人不能享有的权利。特权思想就是政治上、经济上超越法律和制度之外的权利欲望。特权的存在，无疑与公平、正义的要求相对立，因此必然招致绝大多数人的反对。

一部人类文明进步的历史，在某种意义上说就是一个特权生存空间日益压缩、平等观念日益深入人心的过程。对于特权，我们党一贯旗帜鲜明地反对。《中国共产党章程》明确规定："中国共产党党员永远是劳动人民的普通一员。除了法律和政策规定范围内的个人利益和工作职权以外，所有共产党员都不得谋求任何私利和特权。"那么，党员干部是不是都意识到了这个问题呢？恐怕还没有。个别党员干部不但有特权思想和特权作风，有的还很严重。

现实生活中，有的党员干部公私不分甚至吃拿卡要；有的为了自己方便，借助领导的特殊身份绕过大家都应遵守的规则，不接受法律约束……这些情况表明，特权思想在少数领导干部的脑子里依然根深蒂固。在他们看来，自己作为官员，手中有权、地位显赫，就应该高人一等，得到特殊照顾。究其原因，归根结底是"官本位"的封建思想在作怪，是"尊卑有序"的落后观念在捣乱。

这种特权，不是正当个人利益，不是正常工作职权，而是一种"法外之权"，是在法律和制度规定之外，利用权力搞特殊、谋私利，多吃多占，贪吃贪占。

哪里有特权，哪里就有不公；哪里有"法外之权"，哪里就出现腐败。与其他权钱交易等腐败不同，特权现象往往藏不住、掖不住，就发生在群众眼皮底下。值得警思的是，特权思想、特权现象滋生蔓延，经常有冠冕堂皇的理由、"名正言顺"的依据。也因此，特权腐败往往被"去道德化"，反而成为权势象征，让一些人不以为耻、反以为荣。

习近平总书记指出："在我们的一些干部中，特权思想、特权现象还是比较严重的。从上到下，违规占有多套住房的，违规占用公家车辆的，以各种形式侵占公共利益的，违规侵害群众利益的，明里暗里为亲属升官发财奔走的，以权枉法的，这样的干部不乏其人啊！这些特权现象严重损害了社会公平正义，引起了群众极大不满。我们决不能见怪不怪啊！"①

滋生党员干部特权思想的原因是多方面的：一是封建专制传统是特权思想、特权现象产生的历史根源。邓小平同志深刻指出："搞特权，这是封建主义残余影响尚未肃清的表现。"②封建思想的残余，如家族观念、宗法制度、等级尊卑思想等，仍在时不时地左右人们的思想，助长了特权思想、特权现象。二是制度不规范是特权思想、特权现象滋生的条件。有的热点、难点问题存在已久，但在重要领域和关键环节还存在制度空白，相应的制度没有及时建立。有的制度只有原则性规定，缺少具体实施措施，可操作性较弱。三是监督不到位是特权思想、特权现象蔓延的诱因。特权每时每刻都在力求摆脱监督制约，以便毫无限制地行使手中的权力。加上特权的"隐性化"趋势及"人情文化""熟人社会"的影响，使得"上级监督较远、同级监督较弱、下级监督较难"的现象仍然存在。四是惩处不严厉是特权思想、特权现象存在的症结。特权游离于法度之外，有的暂时缺乏具体的定性量纪标准；有的即使有规定，但惩处力度不够，让搞特权

---

① 中共中央文献研究室编：《十八大以来重要文献选编》（上），中央文献出版社2014年版，第137页。

② 《邓小平文选》第2卷，人民出版社1994年版，第332页。

的人“得远大于失”，导致其心存侥幸、肆意妄为。[①]

特权思想和特权现象危害甚大，最直接的危害就是对党群干群关系的破坏。如果问问群众对党员干部的哪些行为看不惯，要特权无疑是其中之一。要特权对群众感情的伤害、对党的威信的损害，都是十分严重的。特权思想的危害还远不止于此。有特权思想的党员干部，在党内生活中也往往自认为是“特殊党员”，奉行“官大一级压死人”，喜欢搞一言堂、家长制，使党内民主窒息；领导干部的特权思想和特权作风还具有“示范作用”，会腐蚀社会风气，使越来越多的人以自己享受特权的多少作为人生成功与否的判断标准，进而崇拜特权、追求特权。

特权思想、特权现象的存在，严重地脱离了人民群众，极大地损害了党和政府的形象，动摇了党的执政基础，是党的纪律所不允许的，必须坚决反对和克服。习近平总书记强调：“必须反对特权思想、特权现象。”[②]党章规定：“中国共产党党员永远是劳动人民的普通一员。除了法律和政策规定范围内的个人利益和工作职权以外，所有共产党员都不得谋求任何私利和特权。”因此，广大党员干部必须采取有力措施，坚决反对和克服特权思想、特权现象。

各级党员干部特别是领导干部，是行使各种特权的主力军，为此，治理特权现象必须从领导干部入手，坚持廉政教育为先导、健全制度为重点、强化监督为保证、加大惩处为手段，通过标本兼治，从根本上遏制和逐步清除特权现象。

---

① 参见李景辉:《关于特权思想、特权现象的调研》,《中国纪检监察报》2013年3月25日。

② 中共中央文献研究室编：《十八大以来重要文献选编》（上），中央文献出版社2014年版，第136页。

树立人人平等的现代观念。人与人之间只有分工不同而没有尊卑贵贱之别。这是现代社会的一条基本准则，更是我们社会主义国家的根本原则。从党成立那一天起，党的干部不论职位高低，都是人民的公仆，都必须为人民服务。领导干部手中虽然握有一定的权力，但这是用来完成职责的，是用来为民谋利的。一个人一旦成为领导干部，心里一定要始终牢记：自己手里有权，但脑子里却不能有特权思想，更不能在工作和生活中表现出特权作风。[①]如果脑子里闪出想搞点特权的念头，不妨先想想邓小平同志的警告："一个人只有不因为自己的功劳和职位而骄傲，不用来作为'特殊化'的资本，反而更加谦虚和谨慎，更加提高自己的以身作则的责任心，他的功劳和职位，才是值得尊敬的。否则，他的骄傲和放肆，必然会把自己淹死。"[②]

始终不忘自己也是百姓。走上了领导岗位，不是要从此脱离群众，而是当人民群众的公仆和勤务员。俗语说得好："吃百姓之饭，穿百姓之衣，莫道百姓可欺，自己也是百姓。"领导干部不忘自己也是百姓，才会把自己当常人、凡人看，才会居官不骄、不满、不霸，处处以平民之心看待自己、要求自己；而不会把自己当作"大人""超人"看，以至于高高在上，唯我独尊，当官做老爷。党员干部要正确对待自己、正确对待群众，警惕因职务提升、地位提高而滋生脱离群众的倾向，永远保持人民公仆的本色，永远保持亲民爱民的情怀。

倡导文明进步的从政文化。文化是制度之母。反特权是对

---

① 参见叶帆：《莫让特权思想淹没自己》，《人民日报》2009年8月20日。

② 《邓小平文选》第1卷，人民出版社1994年版，第243页。

腐败“零容忍”的社会心理基础和制度文化基石。文化内化于心，也外化于行。特权思想直接源于“官本位”思维。很多官员显然不具备公职人员应有的公仆意识，而是将公共权力视为其个人私产，一旦登堂入室，就要处处特立独行，才显得有“面子”、显“身份”。想要打破“特权”，要从思想上根除一些地方党政领导及相关执法机关的“特权思想”。结合现在开展的“不忘初心、牢记使命”主题教育，强化公职人员的宗旨观念，从思想深处杜绝“隐性权力”。对特权思想进行文化清剿，应抓紧整治有特权色彩的公务行为、公共形象载体，形成由外向内的“倒逼”机制。如改进会风文风、禁止奢华奢靡等，既有利于秉承公仆精神、摒除特权思想，也有利于净化社会文化生态，形成尚廉鄙腐的社会文化环境。

“不乱用党和人民给的权力”理应成为每名党员干部的政治自觉，坚持正确行使权力，依法用权、秉公用权，处理好公与私、情和法、利和法的关系，不专权、不贪权、不滥权，清清白白做人、干干净净做事、坦坦荡荡做官。

三、玩物丧志须警惕，谨防爱好成陷阱

情趣爱好是个人品行和修养的直接体现。生活正派，爱好得当，情趣健康，讲操守、重品行，注重培养健康的生活情趣，保持高尚的精神追求，既是党员干部必备的基本素质，也是对党员干部的起码要求。

人生在世，大抵各有所“好”。没有爱好的人，恐怕很少。而没

有爱好，似乎也不见得是好事。明末清初文学家张岱说："人无癖不可与交，以其无深情也；人无疵不可与交，以其无真气也。"[①]懂得休闲是一种人生智慧。小爱好甚至还可能有大意义——社会发展的历史表明，人类许多发明创造都与个人休闲爱好密切关联。

积极健康的业余爱好，可以放松心情、调剂生活、涵养心灵，对于陶冶性情、丰富个人生活不失为一种好方法。在日常生活中，党员干部有许多健康高雅的情趣爱好可供选择。比如，以读书为乐，好学不倦；以笔耕为乐，感悟生活；以书画为乐，泼墨挥毫；以锻炼为乐，打球打拳，游泳散步；以音乐为乐，纵情放歌；以盆栽为乐，美化生活；以收藏为乐，把玩欣赏。

然而，事物都有双面性。对于党员干部，特别是手握实权的领导干部来说，爱好是一把双刃剑。决非一己私事那么简单，往往是"牵一发而动全身"。对于党员干部来说，爱之有道、好之有度，对于怡养性情、心理健康确实是有好处的；爱之无节、好之无度，则往往会成为腐败的诱因，成为被"围猎"的陷阱。

古人云："好船者溺，好骑者堕，君子各以所好为祸。"特别是手里有一定权力的人，对待爱好更要谨慎些。否则，"爱"而不当，"好"而无度，被人利用，就可能为"爱"所累，为"好"所害。

例如，收藏玉石、字画、名酒、瓷器等兴趣爱好，是需要大量财力来支撑的，党员干部如果不量力而行、慎加选择、自我约束，就极易成为被"围猎"的目标。

现在社会上有一些人，由于受不良风气和"潜规则"的影响，为

---

① 〔明〕张岱：《陶庵梦忆》卷四《祁止祥癖》，兰州大学出版社2004年版，第101页。

了好办事、快办事、办成事，常常不走正道走邪道，挖空心思揣摩领导干部的爱好。一些人深谙“不怕领导讲原则，就怕领导没爱好”，主动投其所好，甚至不惜血本“围猎”，以换取不正当利益。有的干部整日耽于“爱好”，热衷于参加各种研讨会、品鉴会等，忘掉了主责主业；还有的干部发现敛财无门，干脆以“爱好”为遮羞布，大肆收受贿赂，对珍贵玉石、名画等来者不拒……这样的“爱好”，自然失去了其本义，成为祸患的源头。[①]这样的例子不胜枚举。

厦门海关原副关长兼缉私局局长接培勇，是个爱好书画的“风雅之人”，开始并不买赖昌星的账，赖昌星了解其爱好后，花重金邀请国内9位知名书画家联合创作一幅《牡丹图》送给他，终于一步一步把接培勇拉下水。

近年来最典型的例子恐怕要数安徽省原副省长倪发科。据媒体报道，倪发科被起诉收受和田玉价值1200万元，帮人低价购买探矿权，挪用国家保障房用地指标。据有关部门调查，倪发科爱玉成痴，说起玉石“顿感精神、眼睛发光”。平时看电视、看书，玉不离手，脖子上还要戴上一个玉石挂件。短短几年间，倪发科的玉石藏品之丰富足可开办玉石展。倪发科在收受别人的玉石、玉器后，对对方的要求则有求必应，利用手中的权力为他们提供无原则的支持和帮助，这些行为已经沦为一种赤裸裸的权钱交易，是彻头彻尾的腐败。其实，最初倪发科开始并不懂玉石。他在六安市任领导期间，当地发现一种玉石矿，为培育成产业，市里邀请了多名全国玉石专家前来鉴赏、献策，后发展玉石产业未成，倪发科自己却成了

---

① 参见孟祥夫：《莫让“爱好”成为被围猎的“陷阱”》，《人民日报》2019年10月22日。

玉石爱好者。表面上看，他爱上的只是文人雅士之“雅品”，但从深层次看，他“好”的却是膨胀的欲望以及放纵的权力，而这早已超越了“爱好”，变成了无度的“嗜好”。因为，至少在后来，他知道玉石的价值同金钱并无两样。说得直白一点，收受“雅品”实际上还是对金钱孜孜不倦的追求的贪婪表现。

生活情趣看似小事、小节，但小中见大。党员干部的生活情趣是其人格的外在表现，反映了其日常生活中的价值取向，影响着他们的人生抉择和事业发展。从一个人的兴趣爱好，既可以判断他的境界、品位和气质，更可以看出其对工作、对事业的基本态度，对党和人民是否忠诚，人格是否高尚。那些贪图安逸、沉湎酒色、留恋牌桌的党员干部，很难在事业上有积极向上的态度和责任感，很难有全心全意为人民服务的理想追求，往往因其消极颓废、追求享乐的人生态度而丧失为人的道德底线，丧失共产党员的基本原则，坠入腐化堕落的深渊。

习近平总书记在中央党校建校80周年庆祝大会暨2013年春季学期开学典礼上的讲话中强调：“领导干部还应该了解一些文学知识，通过提高文学鉴赏能力和审美能力，陶冶情操，培养高尚的生活情趣。许多老一辈革命家都有很深厚的文学素养，在诗词歌赋方面有很高的造诣。总之，学史可以看成败、鉴得失、知兴替；学诗可以情飞扬、志高昂、人灵秀；学伦理可以知廉耻、懂荣辱、辨是非。”[①]

这番话语重心长，意义深远。党员干部的爱好不是简单的“个

① 习近平：《在中央党校建校80周年庆祝大会暨2013年春季学期开学典礼上的讲话》，《人民日报》2013年3月4日。

人小事”。对于个人生活情趣与爱好的选择上，党员干部一定要清醒认识，正确把握，注重培养健康的生活情趣，保持高尚的精神追求，不让兴趣爱好与权力勾连。

一是选择得当。党员干部追求兴趣特长，应该发扬高雅、舍弃低俗，以健康向上的文体活动，文明高尚的业余生活，充实精神世界，磨砺坚强意志，从而在兴趣爱好中培养优秀的人格人品。许多人到了中年以后，往往都会面临这样的状况：职务越来越高、责任越来越大、各种应酬越来越多，与此同时年龄越来越大，精力一日不如一日。因此，应该选择有利于身体健康的业余爱好，使自己拥有强健的体魄、充沛的精力，这是做好本职工作的重要基础条件。

二是把握好度。既然是业余爱好，那么就不能把爱好当作生活和工作的全部。党员干部应把精力全部用在“全心全意地为人民服务”上，用在为人民掌好权、用好权上。如果沉迷于个人的兴趣爱好，不务正业，那就很可能造成工作上的失职、渎职，危害百姓的利益，同时自己也要承担责任，可谓害人害己。个人的兴趣爱好，只能用来丰富业余生活，调节因工作造成的紧张情绪，一定要分清楚这个主次，切不可玩物丧志。古往今来，从一般官员到皇帝，不乏因沉迷于个人的兴趣爱好而荒废政事，导致丢官丢江山的教训。因此，要做到有节有度、好而不贪、不为物诱。

三是给爱好扎上“铁篱笆”。党员干部少不了要与各种各样的人打交道，这就要求树立坚定的政治立场，纯洁交际圈，做到交往讲原则、讲品位；把个人爱好当秘密，宁愿低估自己锁住爱好，也不应高估自己抵御诱惑的能力，要划清职务行为与业余爱好的界限。许多业余爱好不是独自一人进行的，往往不可避免地使党员干部身边产生一些牌友、棋友、画友等。如果这纯粹是共同的爱好结成的友谊，那就是健康的志同道合的关系，所谓“君子之交淡如水”。对那些“项庄舞剑，意在沛公”“醉翁之意不在酒”的人要有足够的警惕，一旦察觉其意图，及早拉开距离。最好把自己的兴趣爱好存放于心中，和公务脱钩，不轻易“示爱”，不给人以可乘之机。

全国优秀共产党员、吉林省水利厅原厅长汪洋湖爱吃鱼，但在水利厅工作期间，大家都知道他不吃鱼，原因是他给自己的爱好“上了把锁”，自觉做到兴不沉溺、好不示人。在吉林省水利厅工作12年，汪洋湖坚持不吃鱼12年。他认为，水利厅下面管理着大大小小几十个水库，逢年过节，这些单位可能会往家里送鱼，容易滋长不正之风。汪洋湖隐己所好，坚持自律，做到防患于未然。

事实上，凡清正廉洁、公私分明的好党员，大都不会显露自己的爱好，以免给别人留下行贿、钻空子的机会。全国优秀共产党员、湖南省委原副书记郑培民也是这样的人。他喜欢集邮，却一生隐藏自己的爱好，不给送礼者以丝毫借口，两袖清风、令人敬佩。

高尔基说：“人的价值表现在心灵上。”对于党员干部来说，应当谨记“君子各以所好为祸”，认真对待、正确把握、审慎选择兴趣爱好，“爱”之得当，“好”之有道，管住自己的爱好，从而陶冶情操，完善人格，提升价值。

四、俭可修德与养廉，坚持尚俭戒贪奢

按中华民族的传统，节俭历来是一种美德，节俭还能“养”德。

“艰难困苦，玉汝于成”，“居安思危，戒奢以俭”。

中华民族历来以勤劳勇敢、不畏艰苦著称，历来讲求勤俭持家，勤俭办一切事情。我们党是靠艰苦奋斗成长壮大、成就伟业的，是靠勤俭节约发展事业、建设国家的。艰苦奋斗是我们党的优良传统和作风，是我们党保持同人民群众血肉联系的一个重要法宝。

近年来，随着物质生活条件的改善，享乐主义、奢靡之风在党员干部队伍中有所滋长，讲排场、比阔气、挥霍浪费的现象还大量存在，艰苦奋斗、勤俭节约的优良作风在一些党员干部那里被淡忘了。有的甚至对艰苦奋斗、勤俭节约的传统美德不以为然，认为不合时宜。这是错误的，也是有害的。

那么，在经济社会不断发展、物质财富日益丰富的今天，还要不要提倡节俭？要不要树立节俭意识？回答是肯定的。节俭不仅是一种生活方式，也是一种精神理念和工作作风。时代再发展，条件再优越，倡俭戒奢的要求不能变，倡俭戒奢的道理应当经常讲。

增强节俭意识，是由我们党的宗旨所决定的。全心全意为人民服务是我们党的根本宗旨。坚持立党为公、执政为民，努力实现好、维护好、发展好最广大人民的根本利益，是我们党一切工作的出发点和落脚点。要做到这一点，就需要广大党员始终坚持勤俭节约、艰苦奋斗的作风。这是成就事业、赢得拥护的重要法宝。无论时代如何变迁、环境如何变化，这种政治本色和精神品格都不能变。在条件趋好、形势顺利的情况下，更应当保持头脑清醒，防止滋长骄傲情绪，自觉坚持勤俭办一切事情，真正把每一分钱都用到人民群众最需要的地方。唯有如此，才能凝聚人心和力量，战胜前进道路上的各种困难，不断夺取事业的新胜利。

增强节俭意识，是由我国的基本国情和现实需要所决定的。在不少人看来，提倡勤俭节约和艰苦奋斗，是因为经济不发达、物质不丰富，是不得已而为之。这种看法是不全面的。毫无疑问，经过40多年的改革开放，我国经济社会发展取得了巨大成就，我们已经有了一些“家底”，这是值得自豪的。但是，从客观实际看，我国人口多、生产力不发达、地区发展不平衡的状况还没有根本改变，我们的“家底”还不厚。同时，由于我国资源的人均占有水平远远低于世界平均水平，且利用效率不高、浪费严重，我国经济社会发展与资源、环境之间的矛盾日益凸显，转变经济增长方式的任务十分艰巨。解决这一矛盾，完成这一任务，一个关键环节就是在全社会树立勤俭节约、艰苦奋斗的意识和作风。唯有如此，才能不断开创科学发展的新局面，加快全面建设社会主义现代化国家的进程。

增强节俭意识，是不断加强党的作风建设的必然要求。节俭作为一种生活方式，体现了一个人的理想信念、价值观念和生活态度，反映着一个人的世界观、人生观、价值观。是否具有节俭意识，体现党员干部的作风，关系党的形象。相反，如果党员干部出现奢靡之风，就会引起群众的反感。没有什么比奢靡之风更能把党与群众隔离开来。如果党员干部成天忙于应酬、耽于享乐，穿梭于高档会所，沉迷于推杯换盏，常常是醉醺醺、昏沉沉、轻飘飘，哪有时间深入基层、深入群众？哪有时间思考问题、研究工作？把有限的社会资源用于满足奢华的口腹之欲，又如何不让群众追问：权力究竟是在谋一己之私，还是为人民服务？任由奢靡之风蔓延，我们党就会脱离群众，就会失去根基、失去血脉、失去力量。

邓小平同志曾感慨地说：“为什么过去很困难的局面我们都能

渡过？根本的问题是我们的干部、党员同人民群众一块苦。”[①]在实现中国梦的新征程上，狠刹奢靡之风，全心全意与群众一块苦、一块干、一块过，我们才能和亿万群众一起凝聚起实现梦想的磅礴力量。

历史告诉人们：勤俭与奢侈会给家、国带来成与败截然相反的结局。唐朝李商隐《咏史》诗中所云：“历览前贤国与家，成由勤俭破由奢。”即是一个经典的总结。宋代大儒朱熹也称：“自古兴俭以劝天下，必以身先之。”古代的清官廉吏禁得起物质财富的诱惑，而以勤俭劝天下，在其朴素奢俭观的指导下，成为“以身先之”的楷模。“奢靡之始，危亡之渐”，于家于国，莫不如此。历史和现实莫不证明，“俭节则昌，淫佚则亡。”当无限膨胀的贪婪欲望遇到不受节制的恣意权力，结局就是意料中事。

对个人来说，德为立身之本，俭为养德之道。勤俭节约可以降低人的物质欲望，减少外物的刺激需求，通过清心寡欲来修身养性，提升内在的道德修养。而奢靡享乐则是欲望膨胀的开始，是走向腐化堕落的第一步。一旦迈开这一步，就会利欲熏心，最后欲壑难填而自取灭亡。历史上，富甲天下的邓通饿死街头，富可敌国的石崇被收监问斩，贪恋专权的刘瑾招致凌迟，国之巨贪和珅被迫狱中自缢……这些生前锦衣玉食、不可一世之人，最后结局无一不是财尽人亡、身死名灭。

对国家来说，勤俭节约是立国之本，也是治国之道。俭可以养廉，廉可以治国。即使是处在繁荣盛世的贞观之治时期，魏徵仍不

① 《邓小平文选》第2卷，人民出版社1994年版，第217页。

断谏劝唐太宗要“居安思危，戒奢以俭”。历史表明，勤俭和廉洁如同一对孪生兄弟，克勤克俭往往能实现国家的长治久安。今天，对于各级党员干部来说，勤俭廉洁是为官从政的最低要求和道德底线。勤俭节约所要求的清静寡欲、淡泊节制，可以消解和克制人内心的贪婪和欲望，有效防止国家公权力的腐败滥用和官吏的贪污腐化，实现廉洁自律的内在要求。在这个意义上，勤俭节约不仅是敦风化俗的重要手段，也是防腐倡廉的重要途径。

勤俭不兴，贪欲不止；节约不行，欲壑难平。考究不少落马的豪贪巨蠹，其贪污腐化的直接起因，往往是一包名烟、一瓶美酒、一顿大餐、一块好表，之后就慢慢放弃了勤俭节约的底线，渐渐养成了奢靡享乐的恶习，最后走上了违法犯罪的不归路。近年来曝出的一些触目惊心的“大案”，涉案人无一不是背弃了勤俭节约原则，走上了奢靡享乐歧途，在贪腐堕落的泥坑中越陷越深，最终沦为党和国家的罪人。党员干部应当懂得，唯有把勤俭作为一种境界去修养、作为一种品格去恪守，才能自由行走在清正的大道上。

当然，提倡俭以养德，并不是提倡党员干部重穿草鞋、再吃草根树皮，过“苦行僧”般的生活。如果把勤俭节约理解得过于狭隘，就难以看到它是一种培养从政道德的精神力量；如果把勤俭节约理解得过于宽泛，就难以懂得我们党大力提倡勤俭节约的重要意义。

当一个人真正具备了节俭意识，就会在内心深处积聚巨大的道德驱动力；一个自觉实践勤俭节约的人，就会以良好的从政道德形成巨大的社会感召力。对每一个党员而言，要身体力行地倡导节俭，从我做起、从现在做起，修身律己、带头节约，管好“钱袋子”、过好“紧日子”，才能对社会风气起到引领作用。

五、管好亲人严家教，树立清正的家风

“修身齐家治国平天下”，这是中国古代德政思想的精髓，说明了树立良好家风对廉洁从政的重要性。廉洁的作风，会带出良好的家风；良好的家风，又促进廉洁的作风。可以这样说，家庭是廉洁从政的第一道“防火墙”，能否保持清淳的家风，对党员干部能否清廉从政的影响十分明显。

亚圣孟子说过：“天下之本在国，国之本在家。”家是涵育民风的早期摇篮，是培养官风的基本单位。常言道：“求忠臣必于孝子之门”，这正是打通国与家、打通官风与家风的最简练的概括。如果有清淳的家风，家人就是清正为官的第一道屏障；相反，如果家风败坏的话，家人就成为清正为官的第一道障碍。

良好家风是阳光，呵护幼树可参天。革命元勋和改革功臣习仲勋多次告诫他的子女，越是领导干部子女越要低调，越要“夹着尾巴做人”。刘伯承元帅和家人生活非常简朴，为防止家人占国家便宜，刘伯承的夫人汪荣华就在家里的电话旁边贴一张告示，表明家里的电话是党和国家供元帅办公用的，不允许儿女们私用，并告诫儿女们不可把国民党假公济私的作风带到家里。正因为有这样的好家风，严以律己，公私分明，他们的后辈都能保持坚定的信仰，致力于为党的事业而奋斗，取得了令世人钦佩的成就。老一辈领导人的持家之道，仍是今天党员干部的学习典范。

家庭作为党员干部个人生活的后院，无疑是十分重要的。家庭廉政建设搞得不好，不仅家属和本人受害，也损害党的形象、影响社会

风气建设；家庭廉政建设搞得好，不仅家属和本人受益，也会起到榜样作用。所以说，无论是出于对党的事业负责的角度，还是对自己家庭负责的角度，党员干部都应在干好工作的同时，注意管好自己的家人，营造纯朴清正的家风。

一是树立正确的亲情观。鲁迅先生说过："无情未必真豪杰，怜子如何不丈夫。"重亲情、爱亲人是人之常情，也是人类社会"大家庭"繁衍生息必不可少的纽带。但是，党员干部一定要理性面对家庭亲情。干部不是生活在真空中，不是不食人间烟火的神仙，倘若顾及亲情，处理不好公与私的关系，因私废公，则会被亲情"绑架"，被亲情裹挟着触犯党纪国法，最终前程尽毁、家庭破碎。

无数事实证明，亲情因素对党员干部从政行为的影响是不容忽视的。分析那些蜕化变质为贪腐分子的党员干部的人生轨迹，给人们留下了深刻的警示：当干部就必须牢固树立正确的亲情观，能经受住亲情的考验，始终管好自己的家人和亲友，慎始敬终地过好亲情关。

"人非草木，孰能无情？"党员干部也是人，同样有丰富的情感。关爱家庭、关爱家人，是人的本性。然而，面对亲情，怎样关爱，却值得每一个党员干部认真思考。

坚持清白为官，不仅要管好自己，还要管好所有亲人，教育亲属树立平民意识，摒弃特权思想，拥有良好的品行，提高自立自强的能力。这才是对家人真正的关爱，也是造福家人、有益社会的行动。如果纵容亲属搞特殊化，甚至为他们升官发财铺路搭桥，虽然能帮他们一阵子，却不能帮他们一辈子，如果不择手段，突破法律底线，还将酿成更大灾祸，不但会断送自己的政治前途，也将摧毁整个家庭的平静与幸福。这种所谓的"亲情关爱"，其实是地地道道的"亲手加害”。

其实，党员干部的“不近人情”才是对家人最真心的关爱，是对他们成长进步的真切关怀。党员干部要在严以修身、管好自己的同时，还要管好配偶和子女，对家人“爱之有度，爱之有方”，始终牢记党的宗旨和群众路线，时时处处以群众利益为重，决不踩纪律的红线，不越法律的底线，做到从政清廉、治家谨严。

二是公权不能私用。亲情观可以从一个侧面反映党员干部权力观的正确与否，反映党员干部对待党和人民赋予的权力的态度和立场。少数党员干部正是缺乏正确的权力观，导致世界观、人生观和价值观发生了畸变，在特权思想的驱使下，未能正确对待和使用手中的权力，热衷于搞“一人得道，鸡犬升天”，利用手中的权力为自己和家人谋取私利，放纵甚至怂恿家人大捞不义之财，最后落得家毁人散的可悲下场。

还有的党员干部在家庭生活中不注意树立正面的形象，经常将错误认识或负面消极思想直接或间接地传递给家属，使家属成为推波助澜的“贪内助”，支持甚至怂恿领导干部贪赃枉法，促使一些党员干部走上贪污腐败的不归路。

如果党员干部能把立党为公、执政为民牢记在心，时刻把群众的利益放在第一位，不贪图个人私利，不在亲情面前放弃原则，做到对亲属不开“口子”、不破“例子”、不顾“面子”，对身边人不留“空子”，对歪风邪气敢撕破脸皮，秉公办事，依法行政，做到情不越法、情不越规、情不越德，就不会被亲情所累。

三是管好配偶和子女。好父母胜过好老师。父母是子女的第一任老师，家庭是子女最重要的学校。党员干部应该是家人的榜样，要严以律己、言传身教，提高人格魅力，不断增强对家人的说服力和感召力。党员干部尤其是职位较高的领导干部，更要保持清醒，特别要注意教育、约束自己的家人。如果一个干部连自己的配偶和子女都管不好、管不了，怎么能服人治事?

党员干部要严格要求自己，公私分明，决不能为亲徇私，决不能姑息纵容，决不能爱听“枕边风”，让“贤内助”成为“贪内助”，甚至让“贪内助”升级为“全家腐”。

溺爱是害不是爱。爱之有方，就应注重培养子女健全的人格、良好的品性和坚韧的毅力，如果不加管教，一味娇纵宠爱，只会诱导他们误入歧途，走上歪门邪道。对于配偶和子女提出的不合理、不合法要求，要态度鲜明地予以制止，并及时进行批评，不能受他们的牵制。这不只是一个家庭问题，更是一个党员干部应负的政治责任。

陈毅元帅在担任上海市市长期间，曾与他的子女“约法三章”：要求子女穿土布衣，不坐公家的小汽车，办任何事都要严格按制度来。陈云同志任中央纪委书记时，曾向自己的亲属提出“三不准”：不准搭乘他的车，不准接触他看的文件，不准随便进出他的办公室。前辈领导人严格的家规、清正的家风，至今仍传为美谈。

爱得越深，越需要教之有方。明末清初思想家黄宗羲在《明儒学案》中说：“爱其子而不教，犹为不爱也；教而不以善，犹为不教也。”如果没有立足于社会的能力与水平，再多的良田，也只会坐吃山空；如果没有为人处世的道德与准则，再大的权力，也终究会摔跟头。对党员干部而言，掌握了严与爱的辩证法，守好了公与私的分界线，才能让子女守良知、结益友、行善事，活出无悔的人生。

四是营造温馨的家庭氛围。家庭是人生的幸福港湾，是自我疗伤的巢穴。一个人在外面工作再苦再累，只要回到家里，就会得到放松；若是在事业上遇到打击和挫折，只要回到家里，就会得到宽慰。人生一世，为官一任，谁不希望既有漂亮政绩，又有暖暖亲情？因此，一个成功者总是在干好事业的同时，努力把家庭建设好，照顾好家人，处理好事业和家庭的关系，保持二者之间的平衡，这不仅是尽一家之主的责任，也是给自己提供一个憩息的港湾、安稳的后方，减少后顾之忧，从而集中精力投入工作。

"家和万事兴"，妻贤子孝、夫妇和谐，对腐败有很好的防御作用；反之，家庭不和睦、关系紧张，往往会使家庭防线失守，给腐败带来可乘之机。对党员干部特别是中青年干部来说，在单位是工作上的骨干，在家里是顶天立地的支柱，承受的工作压力、生活压力以及由此带来的心理压力都不小，有的甚至患上焦虑症，尤其需要配偶的理解和支持。这个时候，如果家庭和睦，配偶就会主动挑起家庭生活的担子，主动营造温馨、和睦的家庭氛围，可以有效地防止党员干部因缺乏家庭温暖而在外面追求所谓的"快慰"，减少腐败的心理动因。